POUVOIR ET SAGESSE SELON L'ÉGYPTE ANCIENNE

Champollion est la première collection consacrée à l'Égypte ancienne : ouvrages d'histoire et d'archéologie, textes sacrés, biographies, romans, autant de livres – inédits ou devenus rares – qui portent à la connaissance des lecteurs les richesses culturelles et la tradition spirituelle d'une des plus grandes civilisations.

Déjà parus

Le Livre des morts des anciens Égyptiens, texte et vignettes du papyrus d'Ani
Le Papyrus de la pesée de l'âme
Le Grand Secret de la construction de la pyramide de Khéops, de Louis Albertelli
La Confrérie des bâtisseurs de Pharaon, de Morris Bierbrier
Égypte, voyage au cœur du sacré, de Nicole Brisson et Brigitte Ouellet
La Momie secrète du pharaon, de Danièle Calvo Platero
Le Fils d'Horus, de Danièle Calvo Platero
Toutankhamon, le pharaon maudit, de Danièle Calvo Platero
Le Pharaon des sables, par Danièle Calvo Platero
Les Livres secrets de l'Égypte, de Jean Doresse
Le Roman de la momie, de Théophile Gautier
Message spirituel de l'Égypte ancienne, de Max Guilmot
Les Dieux de l'Égypte, d'Erik Hornung
Champollion l'Égyptien, de Christian Jacq
Maître Hiram et le roi Salomon, de Christian Jacq
Le Monde magique de l'Égypte ancienne, de Christian Jacq
Histoire de la civilisation égyptienne, de Gustave Jéquier
Ramsès II, le pharaon triomphant, de K. A. Kitchen
Champollion, le rêve inachevé, d'Alain Lunel
Philae, le domaine d'Isis, de Madeleine Peters-Destract
Néfertiti, reine du Nil, de Guy Rachet
Pour le trône d'Horus (Les Vergers d'Osiris *), de Guy Rachet
Le Prêtre d'Amon (Les Vergers d'Osiris **), de Guy Rachet
L'Égypte mystique et légendaire, de Guy Rachet
Khéops et la pyramide du Soleil (Le Roman des pyramides *), de Guy Rachet
Le Rêve de pierre de Khéops (Le Roman des pyramides **), de Guy Rachet
Khéphren et Didoufri (Le Roman des pyramides ***), de Guy Rachet
Le Manuscrit secret du Nil, de Guy Rachet et Soliman Khattab
La Jeunesse de Djoser (La Première Pyramide *)
La Cité sacrée d'Imhotep (La Première Pyramide **)
Her-Bak « Pois Chiche », d'Isha Schwaller de Lubicz
Her-Bak « disciple », d'Isha Schwaller de Lubicz
Le Pharaon Tout Ank Amon, de G. Tabouis
Hatshepsout, la femme pharaon, de Joyce Tyldesley

CHRISTIAN JACQ

POUVOIR ET SAGESSE SELON L'ÉGYPTE ANCIENNE

Champollion

ÉDITIONS DU ROCHER
Jean-Paul Bertrand

ISBN 2 268 02666 X pour la présente édition

INTRODUCTION

DE L'EGYPTE A NOUS-MEMES

Lorsque, pour la première fois, nos yeux discernent dans le lointain les trois formes parfaites qui furent érigées sur le plateau de Gizèh, nous prenons conscience que, sur cette terre d'Egypte si souvent symbolisée par les pyramides, des hommes ont tenté, pendant quatre millénaires, de bâtir un temple aux dimensions d'une civilisation, un temple qui manifeste l'harmonie du cosmos.

L'Égypte pharaonique ne se réduit pas à un quelconque État géographique. Elle est l'un des centres du monde créés par la pensée des Anciens ; plus précisément encore, elle se présente comme la Mère de la tradition spirituelle de l'Occident. Grâce à l'Egypte, le mystère de la vie se révèle dans toute sa plénitude, il est à la portée de notre regard. Les portes des temples peuvent s'ouvrir devant notre désir de connaissance, les sombres naos rayonnant d'une lumière interne prennent toute leur signification pour qui souhaite faire de sa vie une architecture sacrée.

L'émotion et le sentiment ne suffisent pas pour entamer un dialogue fructueux avec l'Égypte. Sur ce sol sont nés des rois, des architectes, des savants, des poètes. Tous ont eu recours à ce trésor inépuisable : le symbole. Par lui, l'inconnaissable peut être connu, l'indicible peut être dit ; par lui sont évoqués les secrets d'une vie en éternité qu'il ne faudrait pas confondre avec la vie éternelle, projection dans le temps d'une réalité spirituelle que l'Egyptien ancien cherchait à connaître dans l'instant. L'Égypte elle-même n'est-elle pas un immense symbole où la moindre action prend valeur de rite ?

Parcourir l'Égypte immortelle revient à se parcourir soi-même en apprenant à connaître ce qui, en nous, est au-delà de nous-mêmes. Dieu est dans l'Homme, affirment les vieux textes. Non pas dans l'homme profane et limité, mais dans l'Homme communautaire dont le cœur est Pharaon. Pharaon, ce roi-symbole que nous sommes invités à recréer. Du chant du harpiste méditant sur l'instant de conscience jusqu'au sacre glorieux du Roi, l'Égypte ancienne nous enseigne que ce qui n'est pas ici, en ce « bas monde », n'est nulle part. C'est ici que l'homme se divinise car, en vérité, ce monde-ci était l'autre et nous l'avions oublié. Ce qui est lié sur cette terre sera lié dans le ciel, proclamait le Christ-Roi ; il prolongeait ainsi le message des Prêtres-Rois de la civilisation pharaonique. L'Égypte a su lier l'Homme et Dieu, la terre et le ciel, le temps et l'éternité. Pourquoi, à notre tour, n'essayerions-nous pas de lier notre conscience à la terre céleste des Pharaons ?

Bien sûr, une telle recherche implique une connaissance de la pensée égyptienne. Pourquoi des égyptologues, sinon pour accéder à la vision que les Égyptiens avaient de l'homme et de l'univers et pour en rendre témoignage ? Il est à la mode, aujourd'hui, d'évoquer la « culture matérielle » des anciennes civilisations et de confondre le matériau archéologique avec la main pensante qui l'a façonné. Pourtant, les Égyptiens ont pris soin d'écrire des textes dans la pierre, de la rendre parlante, de nous guider vers la signification profonde de leur idéal. Point n'est besoin de faire appel aux extra-terrestres et aux thèses occultistes pour comprendre la pensée égyptienne. Cette dernière est suffisamment prolixe pour que la connaissance des temples et des rituels devienne un voyage intérieur vers d'inépuisables richesses.

Pénétrer dans le sanctuaire des temples où se mêlent les plus profondes ténèbres et la plus vive lumière spirituelle, c'est mettre en action ce que l'Égypte appelle le cœur-conscience, cet organe immatériel qui nous permet de communiquer avec le monde divin et de transcrire en langage humain ce que nous y percevons.

L'Égypte se manifeste essentiellement comme une civilisation rituelle porteuse d'une vérité fondamentale : le rapport constant entre l'humanité et les dieux est indispensable au maintien de l'harmonie sur la terre. Un tel rapport ne saurait être maintenu que par la célébration des rites. De plus, lorsque les hommes apprennent à parler le langage des dieux, ils deviennent capables de « ritualiser » leur activité quotidienne et de donner un sens à tout ce qui les entoure.

Lorsque le Pharaon prenait place sur son trône, l'Unité se révélait, le « double pays » s'unissait. Il ne s'agissait pas d'une unité arbitraire et coercitive, d'un « accord » intellectuel ou politique, mais d'une communion spirituelle, sensible et matérielle qui faisait de la « terre noire et rouge » un corps immense à l'image du ciel. En ce sens, l'Égypte est l'une des plus grandes aventures jamais tentées par l'humanité, car elle s'offre à nous comme une quête de la vie totale, comme une tentative d'intégration de tous les aspects de l'homme. Avec l'Egypte, on emploie à bon escient le terme de « civilisation » ; un souffle commun, en effet, animait la hiérarchie humaine, des plus hautes cimes de la spiritualité aux plus infimes réalisations matérielles.

L'Égypte n'appartient pas à l'histoire ; selon l'expression de Hornung, elle célèbre l'histoire comme une fête car elle est plus que l'histoire. Elle retrace la genèse permanente de l'homme en se consacrant à une tâche primordiale : rendre céleste le terrestre. Dans la conscience de nos contemporains existe une trace plus ou moins vive de l' « expérience égyptienne » qui, ne l'oublions pas, est à l'origine du grand courant symbolique dont s'inspirèrent les philosophes hermétiques, « ceux qui aimaient la Sagesse ».

Aussi est-il nécessaire, à l'orée de ce livre, de préciser notre méthode de travail. Certains recherchent une Égypte archéologique, d'autres une Égypte historique, d'autres encore une Égypte sociologique ou économique. Sans mésestimer l'importance de ces démarches, nous tenterons, pour notre part, d'entrer à l'intérieur d'une Égypte du symbole, conçu comme moyen d'investigation. Cette Égypte-là se traduit par une vision globale du monde, une synthèse symbolique qui permet d'aborder les régions les plus secrètes de notre condition d'homme et de son « pourquoi ».

L'Égypte est une civilisation dite « traditionnelle ». Il ne faudrait pas confondre tradition avec coutume ou folklore. La coutume n'est qu'une matérialisation. La Tradition évoque le désir de renouvellement constant de l'être orienté vers le divin. Elle se compose de rites, de symboles, de mythes et nécessite une conversion du regard qui consiste à rechercher le sens caché sous la lettre, l'immatériel dans le matériel.

Si nous nous interrogeons sur la nature de la pensée égyptienne, nous constatons aussitôt que cette démarche n'est pas aisée. Comme l'ont remarqué les physiciens contemporains, l'étude « objective » d'un phénomène est impossible. Dans toute recherche se mêlent d'une manière plus ou moins cohérente le point de vue de l'interprète et la réalité du sujet abordé. L'historien rend la civilisation égyptienne historique, l'économiste la transforme en « objet économique ». Dans chaque analyse subsistera, par conséquent, une part de « vérité ».

Deux facteurs, pourtant, sont trop souvent négligés : d'abord la vision spirituelle des Anciens eux-mêmes, ensuite celle que l'interprète contemporain a le devoir de recréer. Sans nul doute, comme le pense Jean Charon, le système du monde établi par le Moyen Age est aussi « recevable » que celui d'Einstein ; les deux théories sont également fausses par rapport à l'absolu mais elles possèdent une cohérence interne et procurent, à des titres différents, une dimension vivante du cosmos. Le drame commence au moment où les tenants d'un système décident d'exclure les autres en posant leur découverte comme une vérité définitive.

L'Égypte eut précisément la sagesse de ne jamais prôner une vérité absolue ; elle ne composa pas de « Bible » à caractère dogmatique et définitif, mais reformula sans cesse sa pensée à travers de multiples textes sacrés qui s'entrecroisent. C'est pourquoi la méthode de l'orientaliste Frankfort, connue sous le nom de « multiplicité des approches », est un instrument d'une valeur exceptionnelle ; pour la résumer à grands traits, disons qu'elle consiste à approcher de manières très différentes une réalité égyptienne quelconque. Une déesse-serpent, par exemple, peut être un simple reptile, un aspect sociologique, une valeur mythique, la traduction imagée d'un symbole ; toutes ces significations sont vraies et fausses à la fois. L'important est d'en dégager l'idée directrice, par conséquent la plus unifiante. Que l'on nous permette de reprendre à notre compte ces quelques phrases de Frankfort figurant dans l'introduction de son ouvrage *La Royauté et les Dieux* : « Notre exposé ne sera pas historique... l'argumentation ne suivra pas une ligne unique ; elle cherchera, en partant de différentes directions, à converger vers le problème central. Il n'y a pas d'autre moyen susceptible de rendre justice aux faces multiples que revêtent les conceptions anciennes et qu'on a trop souvent interprétées à tort comme résultant d'une « confusion » ou d'un « syncrétisme ». Notre ouvrage s'appuie avant tout sur la conviction que voici : les constructions de la pensée par lesquelles l'homme antérieur à la civilisation grecque analyse son univers constituent une réalisation sans précédent, au même titre que ses monuments plus tangibles. »

Ces « monuments plus tangibles », autrement dit les représentations artistiques, procurent à chacun l'occasion d'une première prise de contact avec l'Egypte. Dans la majorité des cas, c'est l'unité de style qui s'impose comme première « sensation » ; temples, sculptures, peintures semblent nées d'un même esprit et d'une même main. Il existe dans l'art égyptien une profonde cohérence qui est due à la rigueur de sa démarche. Il nous faut bien reconnaître qu'une aussi extraordinaire réussite est due à la volonté d'illuminer la matière de l'intérieur et de faire de la main humaine un organe pensant, plus précis que la plus perfectionnée des machines.

Art et symbolique ne sont pas dissociables. Pour l'Egypte ancienne, tout expression digne de ce nom est un hiéroglyphe.

Plotin, ce grand maître de la philosophie symbolique, l'a parfaitement compris en écrivant : « Les sages de l'Egypte faisaient preuve d'une science consommée en employant des signes symboliques par lesquels ils désignaient intuitivement, en quelque sorte, sans avoir recours à la parole. Chaque hiéroglyphe constituait une espèce de science ou de sagesse et mettait la chose sous les yeux d'une manière synthétique sans conception discursive ni analyse ; ensuite, cette notion synthétique était reproduite par d'autres signes qui la développaient, l'exprimaient discursivement et énonçaient les causes pour lesquelles les choses sont ainsi faites, quand leur belle disposition excite l'admiration. » Jusqu'à la fin du Moyen Age occidental, la pensée « hiéroglyphique » fut considérée comme la seule capable d'atteindre le tréfonds des choses et il n'est pas inutile de rappeler que les paraboles christiques n'en sont qu'une application parmi tant d'autres.

Hermès trismégiste évoquait ces vérités élémentaires d'une manière très directe en s'adressant aux Hellènes : « Les Grecs, disait-il, n'ont que des discours vides bons à produire des démonstrations : et c'est là en effet toute la philosophie des Grecs, un bruit de mots. Quant à nous (les Égyptiens), nous n'usons pas de simples mots, mais de sons tout remplis d'efficace » (*Traité* XVI, 2).

L'Égypte, dit la légende, était le seul pays où les dieux faisaient séjour. L'Inde, la Chine, Sumer et d'autres pays traditionnels jouissaient de la même réputation. Ne voyons pas là de contradiction ou d'affirmation vaniteuse mais plutôt le désir, pour chaque communauté ancienne, de se définir comme un axe primordial, un centre vital par lequel les hommes communiquent avec les dieux. Ces derniers sont effectivement présents dès que le rituel est célébré ; à l'orée de chaque jour, Pharaon fait surgir la lumière en rendant hommage au Dieu unique et à ses multiples expressions, les divinités locales maîtresses des temples. C'est dans une sorte d'embrasement à l'échelle du cosmos que Dieu, le Roi et les dieux communient dans un même acte de création.

Le séjour des dieux n'est certes pas un privilège honorifique mais une lourde responsabilité ; d'une seconde à l'autre, ils peuvent abandonner l'Egypte. Les hommes, dans ces circonstances, ont le devoir de prêter une attention constante à la présence divine, à cette présence qui se cache dans la pierre, dans le blé, dans l'outil de l'artisan ; dès que cette vigilance s'estompe, la force divine est menacée de disparition.

Les Égyptiens, comme nous le verrons à propos de l'Œil, ont fait preuve d'une exceptionnelle vigilance. La *stèle d'Israël* ne proclame-t-elle pas : « Quant à l'Egypte, depuis le temps des dieux, c'est la fille unique de la Lumière (le dieu Rê) dont le fils est celui qui s'assied sur le trône du dieu Chou. » Pharaon est ici défini comme fils de la lumière envers laquelle il doit rendre des comptes, à chaque aube nouvelle. Un texte du temple d'Esna nous explique que tout ce que conçoit le cœur de Dieu se réalise aussitôt et que l'Égypte entière est une manifestation d'allégresse de la Lumière.

Aussi n'est-il pas surprenant que le Grec Diodore de Sicile en vienne à cette constatation : « Pour les Égyptiens, l'Océan est le Nil où les dieux ont pris naissance, parce que de tous les pays du monde l'Égypte est le seul qui ait des villes bâties par les dieux mêmes. » (*Livre* I, 21.)

Les responsables de la civilisation égyptienne travaillent sans relâche afin que l'homme d'Égypte ait conscience de vivre à l'intérieur d'un temple aux dimensions de son pays. Du rite célébré dans les champs au rite célébré dans le temple, on retrouve une semblable démarche fort bien évoquée par le Trismégiste : « Ignores-tu donc, disait-il à Asclépius, que l'Égypte est la copie du ciel ou, pour mieux dire, le lieu où se transfèrent et se projettent ici-bas toutes les opérations que gouvernent et mettent en œuvre les forces célestes ? Bien plus, s'il faut dire tout le vrai, notre terre est le temple du monde entier. » (*Asclépius,* 24.)

A ces textes non équivoques, il faut ajouter les noms révélateurs de l'Egypte. A la différence des pays contemporains, les pays anciens disposaient de plusieurs dénominations symboliques. On désigne l'Égypte par le terme *Kemit,* qui signifie « la noire ». Le hiéroglyphe qui sert à illustrer le terme est sans doute un feu qui s'éteint ou plus exactement, selon l'analyse de Daressy, un feu sous la braise. Les termes qui lui sont synonymes impliquent les idées d' « achever », de « terminer ». L'Égypte conçue comme « La noire » est donc le monde des potentialités cachées de l'esprit, un univers tendu vers la réalisation des forces secrètes de l'homme (1).

L'Égypte est aussi « La rouge », le feu créateur qui éveille en l'homme la conscience. Elle est encore « l'union des deux pays » que l'égyptologue français Bernard Bruyère évoque en ces termes : « C'est l'ordre sorti du chaos, c'est la naissance et la vie issues de la mort, c'est, en fait, la recomposition du corps de l'Égypte par la soudure de ses deux éléments. » D'autres noms traduisent le caractère cosmique de la terre d'Égypte ; au petit temple d'Abou-Simbel, par exemple, la terre des pharaons est appelée « Jusqu'au firmament », « Jusqu'au circuit du disque solaire », « Jusqu'au pourtour du ciel », « Jusqu'aux piliers du ciel ». Et Plutarque, initié aux mystères d'Isis et d'Osiris, ne manque pas d'apporter sa contribution dans une phrase énigmatique : « Comme l'Égypte est une terre noire, aussi foncée que la prunelle de l'Œil, les Égyptiens donnent à cette contrée le nom de Chémia et la comparent à un cœur. » (*Isis et Osiris*, 33.) Chémia, d'où vient Alchimie, nous invite à l' « ouverture du cœur », clef de tous les mystères de l'existence humaine.

L'Égypte, c'est le sens du Temple. C'est le refus de l'originalité individuelle, de l'art pour l'art, de la philosophie pour le plaisir d'assembler des mots abstraits. Lorsque Voltaire, dans son dictionnaire philosophique, écrit : « On a fort vanté les Égyptiens. Je ne connais guère de peuple plus méprisable ; il faut qu'il y ait toujours eu dans leur caractère et dans le gouvernement un vice radical qui en a toujours fait de vils esclaves », on constate que nous avons

(1) Cf. G. Daressy, « Les Noms de l'Egypte », *Bulletin de l'Institut d'Egypte*, tome IX, fascicule 2, 1917, pp. 359-368.

un très long chemin à parcourir pour percevoir la pensée égyptienne. Rien n'est plus éloigné du Temple, en effet, qu'un humanisme faussement généreux qui ne vise, en réalité, qu'à la satisfaction de l'individu.

Le dernier texte hiéroglyphe connu date du 24 août 394 de notre ère, mais l'enseignement égyptien ne meurt pas à cette date. Qu'il s'agisse des structures monacales primitives, de la Règle de Benoît, des mythes de l'Ancien Testament ou des paraboles du Nouveau Testament, des sciences traditionnelles comme l'Astrologie, la Magie et l'Alchimie, de l'art symbolique du Moyen Age occidental principalement traduit par les chapiteaux et les miséricordes des stalles, des communautés initiatiques de bâtisseurs qui ont survécu jusqu'à nos jours, il apparaît que l'élan créateur de la civilisation pharaonique s'est transmis sous diverses formes. Des saints chrétiens répètent inlassablement l'acte du dieu Horus en maîtrisant le dragon du chaos et en perçant de la lance les ténèbres qui obscurcissent notre monde ; l'âne musicien de l'art roman, copie fidèle de l'âne harpiste des pharaons, nous rappelle que l'âme la plus limitée peut entendre la musique des sphères si elle demeure fidèle à son Maître intérieur.

∴

Cet ouvrage n'est pas un traité. A vrai dire, nous ne croyons guère à un traité de symbolique composé selon des principes rationnels qui entraveraient la démarche intuitive. Les Égyptiens se sont d'ailleurs bien gardés de procéder de la sorte. Lorsque les rédacteurs de la Maison de Vie créaient un rituel ou un texte symbolique, ils ne supprimaient pas les formulations antérieures mais conservaient leur esprit en ajoutant, pour caractériser leur propre travail : « autre manière de dire ». Telle est notre intention : mettre en lumière quelques thèmes qui nous paraissent importants, tenter de les « dire » en des termes accessibles qui mettront le lecteur en contact avec la pensée égyptienne. Nous avons l'intention, par la suite, d'étudier les grands recueils de textes religieux et initiatiques qui, jusqu'à présent, sont réservés aux cercles de spécialistes alors que leur message est plus actuel et plus essentiel que maintes doctrines aujourd'hui dépassées.

Si tel ou tel point de notre enquête ne paraissait pas suffisamment clair, il ne faudrait point l'imputer à l'Égypte mais bien à l'auteur de ce livre. Il ne s'agit point là d'une clause de style. Notre expression, nous en avons conscience, n'est qu'une approche, sans doute fort lointaine de la réalité spirituelle vécue par les Sages de l'Égypte ancienne, des Maîtres d'Œuvre qui firent vivre les dieux sur la terre.

CHAPITRE PREMIER

A LA RECHERCHE DE L'EGYPTE

« Si les égyptologues veulent bien aujourd'hui, dans tous les domaines de leurs recherches, faire table rase des idées reçues, non point pour déprécier l'effort méritoire de leurs prédécesseurs, mais pour repenser les problèmes sans autre souci que celui de l'exactitude, s'ils osent se dégager d'un conformisme peureux et d'une érudition creuse, s'ils se libèrent d'un monde de conventions académiques dans une période qui n'est que trop favorable aux contraintes, ils auront tôt fait de mesurer la valeur de la connaissance traditionnelle que les Egyptiens ont inscrit de mille façons subtiles dans leurs temples. »

Alexandre VARILLE, Louxor, le 20 avril 1951.

En ce temps où les bases de notre civilisation sont chaque jour remises en question, en ce temps où les plus secrets désirs de l'homme provoquent des convulsions qui n'épargnent personne, il faut bien se résoudre à poser brutalement la question : pourquoi des égyptologues ? Car l'Egypte dépend étroitement de la vision que nous en proposent ceux qui sont chargés d'étudier cette civilisation. Pourquoi un petit groupe d'hommes se consacre-t-il à la recherche d'un monde disparu, que peut-il offrir à nos contemporains ?

Il nous paraît indispensable de justifier l'existence de l'égyptologie. On pourrait croire qu'elle n'est qu'une science historique parmi d'autres et que sa pratique relève de la seule érudition. En réalité, après plus d'un siècle de travaux et de découvertes, les études égyptologiques entraînent leurs adeptes vers des horizons très vastes, au point qu'aucun égyptologue contemporain ne peut prétendre dominer tous les domaines de sa science.

Surtout, le « traitement » du matériel dont nous disposons est chose très difficile. Les théories sont nombreuses et souvent contradictoires. Prenons un exemple : le corpus des *Textes des pyramides* (1) est divisé en séquences dont l'ordre diffère selon les interprètes. Plusieurs « sens » de lecture ont été proposés et, selon celui qui est adopté, les interprétations de ces écrits fondamentaux sont différentes. L'immense Karnak, tant admiré, n'a pas encore livré tous ses secrets ; on ne sait pas encore exactement à quoi correspondaient les constructions successives, à quelle intention symbolique ils répondaient.

A chaque égyptologue d'indiquer clairement sa manière de voir. Le dilemme le plus profond surgit au moment d'utiliser les sources et de les « faire parler ». Les écoles matérialistes de l'Est se condamnent à étudier l'Egypte d'une manière socio-politique, allant jusqu'à lui appliquer les théories de la lutte des classes ; les écoles historiques tentent de ramener les phénomènes religieux à de simples affabulations destinées à embellir des tracas politiques.

On pourrait allonger cette liste qui ne doit pas masquer un fait capital : l'égyptologie n'est pas une science « positiviste » mais dépend étroitement de l'égyptologue qui manie les documents. Tout est lié, comme le remarque Max Guilmot, au niveau de conscience de l'interprète.

Cette précision étant apportée, on constate, non sans

---

(1) Ces textes forment le plus ancien corpus religieux connu. Ils sont gravés à l'intérieur des pyramides du dernier roi de la Ve dynastie, Ounas, et de plusieurs rois et reines de la VIe dynastie.

surprise, que certains égyptologues dénient à l'Égypte toute importance spirituelle et que d'autres, en plus petit nombre, ont pour but de mettre au présent l'héritage pharaonique. Chez les anciens régnait pratiquement l'unanimité ; Clément d'Alexandrie, ce père de l'Eglise si bien renseigné sur la Gnose, s'exprime en termes clairs : « C'est d'une manière secrète et comme vraiment sacrée, ce qui nous est fort nécessaire, que les Egyptiens nous donnèrent à entendre la doctrine absolument sacrée, celle qui est réservée dans le sanctuaire de la vérité et cela à l'aide de ce qu'ils nomment les choses impérissables. » (*Stromates*, Livre V, chapitre 4, 19.) L'Arabe Abd-el-Latif, mort en 1229, était du même avis lorsqu'il commentait le naos vert de Memphis : « On voit clairement que ces tableaux ont pour objet de mettre sous les yeux le récit de choses importantes, d'actions remarquables, de circonstances extraordinaires et de représenter sous des emblèmes des secrets très profonds. On demeure convaincu que tout cela n'a pas été fait pour un simple divertissement et qu'on n'a pas employé tous les efforts de l'art à de pareils ouvrages dans la seule vue de les embellir et de les décorer. »

Ces intuitions remarquables semblaient ouvrir des voies de recherches extrêmement fructueuses. Pourtant, Sir Alan Gardiner, dont la grammaire est utilisée par tous les égyptologues, n'hésite pas à écrire que les Egyptiens étaient incapables d'établir une quelconque philosophie. Et Gustave Lefebvre, autre célèbre grammairien, ajoute : « S'il y eut un peuple fermement attaché à la réalité, c'est bien le peuple égyptien dont l'essentielle préoccupation fut toujours de s'assurer une existence matérielle confortable et une survie heureuse. »

Si l'on acceptait de tels points de vue, avouons que la vieille Égypte serait réduite à l'état d'une carte postale sans aucun intérêt. D'autres égyptologues ont tenté de justifier leur profession ; pour Jean Capart et Jean Vercoutter (2),

---

(2) Voir J. Capart, *A quoi servent les égyptologues ?* dans *Chronique d'Egypte*, tome XX, n° 39, 1945, et J. Vercoutter, *L'Egypte ancienne*, p. 5.

l'Égypte est l'une des plus vieilles civilisations et, à ce titre, mérite notre respect ; elle représente un grand moment de l'histoire humaine, elle est même l'une des bases de l'humanisme contemporain et le charme de sa civilisation atteint à l'universel. Sauneron résume cette position en ces termes : « Si la recherche égyptologique est le lot de quelques-uns, la culture pharaonique est un patrimoine universel ; l'humanité entière a le droit d'y avoir accès, de pouvoir la recevoir, l'apprécier, l'assimiler comme une part de son histoire commune. »

Cette vision historique et culturelle est essentielle. Sans doute est-il possible d'aller plus loin encore. Pour être en harmonie avec une civilisation telle que l'Égypte pharaonique, ne sommes-nous pas invités à passer d'une pensée discursive à une pensée symbolique ? Ne devons-nous pas admettre que les Égyptiens avaient une perception de la vie différente de la nôtre, en ce sens qu'elle unissait les éléments de la réalité, ne séparait pas la nature du divin, ne se contentait pas de placer Dieu au ciel et les hommes sur la terre mais tentait d'établir un lien entre les forces créatrices et la condition humaine ? Pour qui s'interroge sur son existence, sur la signification de son étrange passage sur cette terre, l'Égypte apporte un certain nombre de réponses. Ce que nous baptisons « religion égyptienne » n'a que peu de points communs avec les trois religions du Livre, le christianisme, l'islam et le judaïsme, car elle ne repose pas sur des dogmes et des vérités révélées. La révélation s'accomplit chaque jour, elle est le fruit d'un effort conscient de l'homme vers les dieux.

Pour aborder avec fruit la pensée égyptienne, nous sommes donc conduits à oublier cette trop fameuse « logique rationnelle » qui découpe le monde en tranches et nous fait taxer de « primitives » des civilisations qui sont, en réalité, primordiales. Inutile d'attribuer aux Égyptiens une prétendue déficience intellectuelle lorsque nous comprenons difficilement leurs symboles. Pour l'Égyptien, en effet, il n'y a pas de séquence cause-effet, l'univers se présentant comme un ensemble de mutations dynamiques où l'homme ne prend place qu'à la condition d'être lui-même un lieu de mutations spirituelles. C'est précisément cela dont la logique rationnelle est incapable de rendre compte.

Si nous acceptons la démarche égyptienne, nous nous apercevons aussitôt qu'il n'y a pas de limite entre le ciel et la terre. Nous voyons que le « tissu » de l'univers est Un et que le rôle de l'homme consiste à y participer consciemment (3). Aussi la pensée égyptienne n'est-elle ni statique ni dogmatique ; elle se modèle sur les pulsations subtiles du cosmos, elle recherche l'unité dans la diversité pour créer sur la terre une cité céleste.

Les paradis égyptiens ne sont pas de lamentables projections d'une vie terrestre où l'on se gavait de richesses matérielles ; ils représentent symboliquement la société céleste sur laquelle les hommes de ce bas monde modèlent leur existence pour vivre en harmonie avec les dieux.

Dans cette perspective, l'Égypte s'attachait à la permanence de l'Homme-magicien, c'est-à-dire celui qui communie avec l'univers et intègre les événements historiques dans un cadre symbolique. Cet homme-là éprouve dans sa chair et dans son esprit la relation entre le grand univers céleste, le macrocosme, et le petit univers terrestre, le microcosme. Il réconcilie les ténèbres et la lumière, la matière et l'esprit. Il respecte la loi de Maât, l'Harmonie universelle, et retrouve un état créateur.

C'est pourquoi l'existence quotidienne des anciens Égyptiens était constamment sacralisée, qu'il s'agisse du travail, de l'enseignement ou des loisirs ; tout baignait dans la réalité invisible du Créateur qui, plongé dans un océan d'Énergie, animait le monde de l'intérieur.

L'Égyptien n'était ni un romantique, ni un illuminé ; il ne croyait pas que le simple désir de connaître la divinité lui suffisait pour subsister hors des contingences du temps

---

(3) Voir J. Zandee, *Het ongedifferenticerde denken der oude Egyptenaren,* Leyde, 1966. Compte rendu dans la RdE 22, 1970, pp. 244-245.

et de l'espace. Le processus de la croissance et du déclin ne lui échappait pas, mais il ne cherchait pas à le percevoir d'une manière analytique. Puisque la mort existe sous des milliers de formes, pensait-il, la pensée juste consiste à inverser cette tendance naturelle et à extraire l'éternel du périssable. A aucun moment, l'aventure égyptienne ne se réduisit à une expérience de croque-morts forcenés souhaitant s'enfermer dans des tombeaux ; cette image, radicalement fausse, ne peut étouffer le profond sentiment de lumière qu'éprouve tout voyageur pénétrant dans l'une des « demeures d'éternité » de la Vallée des Rois, demeures qui ne sont pas seulement des caveaux funéraires mais des creusets où se forge la conscience de l'être humain.

Le taureau Apis, dit la légende, fut engendré par un rayon céleste. Au front, il portait une tache carrée qui permettait de l'identifier parmi les autres animaux de sa race. Ce mythe, parmi tant d'autres, met bien en évidence le caractère supranaturel de la civilisation égyptienne ; elle ne souhaite pas reproduire dans son art ou dans sa pensée la mécanique de la nature que chacun peut connaître en l'observant. Elle cherche plutôt à déceler les lois secrètes, impalpables, qui font que la Nature est sans cesse créatrice. Ce que les médiévaux nommeront « Nature naturante » est l'une des préoccupations constantes de l'Égypte et le « rayon céleste » qu'elle parvint à capter nous concerne au premier chef.

Le chapitre premier du *Livre de sortir hors de la lumière* (malencontreusement intitulé *Livre des morts*) évoque d'une manière énigmatique la démarche que nous avons à suivre :

« Je suis venu me sauver moi-même,
Pour m'étendre sur le lit d'Osiris.
Je suis né orphelin de mon père,
Comme tous les hommes non initiés. »

S'étendre sur le lit d'Osiris revient à renoncer à la toute-puissance du moi, à la relativité des conceptions personnelles pour entendre le message de la tradition symbolique. L'homme non initié est un orphelin, parce qu'il ignore encore la nature réelle de son Père céleste. En s'allongeant sur le lit du sacrifice, il s'offre tout entier aux dieux et accepte d'entreprendre un voyage intérieur dont il ne connaît pas l'aboutissement. Qui retrouve le Père se retrouve lui-même, non plus en tant qu'individu temporel mais en tant que force créatrice.

C'est le vieux sage Aménémopé qui, au début de son *Enseignement*, précise d'une manière admirable le contenu vital de la pensée pharaonique :

« Début de l'enseignement
Pour ouvrir l'esprit,
Instruire l'ignorant,
Et faire connaître tout ce qui existe,
Ce que Ptah a créé,
Ce que Thot a transcrit,
Le ciel avec ses éléments,
La terre et son contenu,
Ce que crachaient les montagnes,
Ce que charrie le flot,
Toute chose que Rê éclaire,
Tout ce qui poussa sur le dos de la terre. »

Les textes égyptiens n'appartiennent pas au passé. Si certains d'entre eux concernent effectivement une culture matérielle à jamais disparue, les textes qualifiés de « religieux » ou « magiques » sont autant de matrices de Connaissance qui peuvent faire évoluer notre mode de pensée dans des directions positives. Le souffle vital de l'Egypte éternelle n'a rien perdu de sa puissance, même si la civilisation qu'il a engendrée n'existe plus qu'à l'état de vestiges.

CHAPITRE II

PHARAON OU LE CŒUR FLAMBOYANT DE L'ETRE

« Pharaon est Dieu parmi les dieux,
Il est venu à l'existence
A la tête de l'Ennéade,
Il a grandi dans le ciel
Il s'est développé dans l'horizon
Lorsque ses modes d'existence
Se furent manifestés
A Héliopolis. »

(Cérémonial du couronnement du Nouvel An,
Traduction J.-C. Goyon.)

Pour tous ceux qui ont approché l'Egypte de près ou de loin, avec le cœur ou avec la raison, une évidence s'est rapidement imposée : la clef de la civilisation égyptienne, sa ligne de faîte à travers toute son histoire est le personnage de Pharaon. Pharaon est partout présent, de l'acte le plus sacré à l'activité la plus quotidienne ; il n'est absent d'aucun temple, d'aucun rite.

Qui était Pharaon ? A la lecture des ouvrages d'histoire, on pourrait s'imaginer que le roi d'Egypte était un monarque comparable à Louis XIV, un homme politique plus ou moins autoritaire selon les périodes, bref un gouvernant que nous approuvons ou désapprouvons selon nos opinions personnelles.

Assimiler l'aventure des Pharaons à une succession de

dynasties serait sans nul doute trahir la pensée symbolique des anciens Egyptiens. Pour eux, le Pharaon essentiel qui s'incarne dans des individus dûment choisis et éprouvés est comparable à la lumière qui se dévoile à l'horizon, chaque matin ; Pharaon est le ciel de l'Egypte, le ciel immense où chacun puise la vérité qui lui est nécessaire.

Le Roi, détenteur de la double couronne qui est « grande de magie », se lève comme un astre pour donner la vie à la terre d'Egypte. Tous les efforts des hommes tendent à faire surgir éternellement ce soleil de vérité sans lequel la société n'a aucun sens.

La *stèle de Sehetepibrê* nous apprend que Pharaon éclaire la terre plus que le disque solaire et qu'il fait verdir le pays plus qu'une grande crue du Nil. Autrement dit, Pharaon est synonyme de la force de croissance par excellence, qui favorise et entretient l'épanouissement de tout ce qui existe. On retrouvera cette même idée dans les royaumes celtiques et au Moyen Age, le monarque étant indispensable au bon « fonctionnement » de la nature.

Du Pharaon Séti Ier, on disait qu'il était un taureau de lumière, pourvu de vie en compagnie des étoiles qui ne connaissent pas la fatigue. On pourrait trouver nombre d'autres qualificatifs qui ont tous pour but élémentaire d'éviter toute idée d'anthropomorphisme. La civilisation égyptienne n'œuvre jamais pour la satisfaction intellectuelle de l'individu mais pour la gloire du Créateur.

Or, Pharaon est très précisément défini comme l'image du Seigneur de l'univers. Le Maître de la vie a créé le roi afin d'accroître son rayonnement et de transmettre à l'humanité la sagesse des cieux. Sans Pharaon, personne ne peut accéder au divin. L'Egypte ne croit pas à une communion directe entre Dieu et l'individu profane ; elle considère cette attitude comme vaniteuse et utopique, estimant qu'un « pont » doit être établi entre le ciel et la terre.

C'est pourquoi Pharaon, constructeur par excellence, Maître d'Œuvre des Maîtres d'Œuvre, ne peut pas mourir. Lorsqu'un règne prend fin, le roi que nous qualifions de « défunt » monte au ciel et s'unit au soleil, lui insufflant un nouveau dynamisme. Le soleil est ainsi composé de toutes les âmes des rois qui ont exercé leur office sacré sur la terre.

Lorsque Dieu intronise Pharaon, il ne fait pas de lui un quelconque homme politique ayant pouvoir sur une nation, si importante soit-elle ; il lui confie la responsabilité de la terre entière, lui offrant le sud « aussi loin que souffle le vent », le nord « jusqu'au bout de la mer », l'occident « aussi loin que va le soleil », l'orient « jusque-là où il se lève sous les traits de Shou » (dieu primordial de l'air).

Pharaon, selon l'expression de Baillet, est bien le « cœur de l'être collectif de l'Egypte », un cœur immense aux mesures de l'universel, un cœur dont le premier devoir est d'accueillir l'ensemble des expressions humaines pour les sacraliser. Comme l'écrit Georges Posener, « des liens de participation relient l'ordre cosmique à la communauté égyptienne dont le cœur est le Pharaon ; ce qui atteint la vie sociale se répercute dans l'univers. La collectivité humaine et la nature sont solidaires et obéissent à une loi de similitude. » (1).

Aussi est-il naturel de considérer l'institution pharaonique à la fois comme un mode de gouvernement des hommes et comme un mode de gouvernement de soi-même. Plusieurs textes nous précisent que Pharaon est *Sia* dans les cœurs ; *Sia* est une expression égyptienne que l'on peut traduire par « Connaissance », plus exactement par « Connaissance intuitive ». Le Roi en est le symbole le plus pur et, si nous réalisons la royauté en nous-mêmes, nous accéderons à cette forme de Connaissance qui ne sépare plus le monde divin et le monde matériel.

Ce cœur de pharaon, siège de la Connaissance la plus élevée, est à l'origine de multiples expressions fondamentales de la pensée égyptienne ; pour désigner un homme joyeux, par exemple, on dit de lui qu'il est « long de cœur » alors que l'individu déprimé est « court de cœur ». Si quelqu'un tient à rentrer en lui-même pour méditer, il « immerge le cœur ». Lorsque le cœur conçoit une directive, il provoque

---

(1) *De la divinité du pharaon*, 1960, 56.

l'action des bras, il permet aux jambes de marcher et offre à chaque membre du corps une fonction et une raison d'être. La vue, l'ouïe et la respiration font ensuite un rapport au cœur sur ce qu'ils ont perçu dans notre monde. Ainsi, le cœur informe et est informé ; il est à l'origine et à la fin du circuit vital de même que Pharaon est à la fois l'origine et le but de la société humaine.

Si le Pharaon est bien ce cœur symbolique qui, peu à peu, doit battre dans la poitrine de chaque homme, il est important de préciser son nom. On sait que la connaissance des noms est, pour l'Egyptien ancien, la science fondamentale car elle est la seule possibilité de maîtrise réelle sur le cours des phénomènes. C'est le célèbre cartouche, cet ovale allongé, qui contient le nom de Pharaon. Il symbolise le parcours elliptique du soleil apportant la vie à l'univers entier.

Le nom du Roi, comme on le voit d'après la symbolique du cartouche, n'est pas un quelconque patronyme individuel. En réalité, le « grand nom » symbolique de Pharaon comprend cinq noms : le premier est le nom d'Horus, le second est celui accordé par « les deux souveraines » (le vautour et le serpent), le troisième est celui d' « Horus d'or », le quatrième est le titre « Roi de Haute et de Basse Egypte », le cinquième est « Fils de Rê ». A ces cinq « canons » correspondent cinq patronymes particuliers au roi régnant. Autrement dit, quels que soient les noms particuliers de chaque monarque, les pharaons sont dépositaires des noms sacrés que nous venons de citer.

Que deux des aspects du « Grand Nom » soient en rapport avec Horus n'a rien pour nous étonner ; Pharaon, en effet, prolonge la mission d'Horus sur cette terre afin de maintenir son pays dans l'ordre cosmique et de reconstituer ce qui était dispersé. C'est pourquoi il devient le troisième terme, le fils de la Lumière qui peut légitimement unir le haut et le bas. Les deux souveraines, à savoir la déesse de Haute Egypte et la déesse de Basse Egypte, sont en quelque sorte des « matrices » qui rendent effective l'action de Pharaon.

Détenteur du « Grand Nom » à cinq composantes, Pharaon prend place sur le « trône des vivants ». Alors, les dieux et les hommes acclament la majesté de son aspect, constatant avec joie que l'être parfait vient d'accomplir la « rénovation de ses naissances » pour que la puissance de son regard éclaire ceux qui étaient dans les ténèbres. Parfois, Pharaon apparaît également à la loge royale du palais, et cette loge dite d' « apparition » est d'or fin. A cet instant, le roi est totalement assimilé à un soleil.

Pharaon, dit un cérémonial, vient d'Héliopolis, la ville de lumière où siège le Créateur. Il crée la terre dont il est issu, met l'ordre à la place du désordre et réconcilie Horus et Seth, les deux frères qui ne cessent de se combattre pour générer le dynamisme indispensable à la bonne marche du monde. En conciliant le nord et le sud, Pharaon s'affirme comme une personne unitaire qui rend possible l'exercice d'une spiritualité civilisatrice.

Le roi possède le secret des deux dieux, Horus et Seth. Il est inscrit sur un parchemin que lui a offert son père, Osiris, en présence de Geb, le dieu qui régit la vie de la Terre. Bien entendu, un tel secret ne saurait être exprimé par des mots rationnels, car il réside surtout dans une attitude : toujours tenter de créer un troisième terme unitaire, ne jamais se laisser prendre au piège des contradictions et des oppositions. C'est pourquoi, dit un texte :

« Dénouées sont les entraves de Pharaon
Par Horus,
Déliés sont ses liens,
Par Seth,
Il est pur, son dieu est pur,
Il ne succombera à aucune embûche du mal. »

Le roi est ainsi libéré par les dieux qu'il avait charge de pacifier. Un passage des *Textes des Pyramides*, consacrés à la divinisation de pharaon, proclame d'ailleurs que ce dernier doit prendre les deux yeux d'Horus, le noir et le blanc. (*Pyr.* § 33 a.) Cet Horus-là est précisément un troisième terme qui englobe Seth et un second Horus ; par la connaissance du noir et du blanc, Pharaon appréhende tous les aspects de la

… le chante une stèle gravée à la gloire de …us et Seth poussent des clameurs d'allégresse, … est consolidée, le ciel est satisfait, l'or jaillit de la …montagne sur son nom comme sur le nom de son père.

Cette reconnaissance de la qualité de Pharaon par les grands dieux se traduit sur terre par une autre fonction symbolique, celle du roi guerrier qui tranche la ténèbre et prévient les perturbations de tous ordres. Il s'agit, au sens strict, d'une guerre sainte qui n'est pas dirigée contre des hommes mais vers l'épanouissement des forces lumineuses cachées dans la matière. Dans cette perspective, Pharaon est un « taureau puissant à visage de faucon », « le vaillant aux serres tranchantes », celui dont la vigilance ne doit pas être prise en défaut.

On comprendra aisément que d'aussi importantes fonctions ne pouvaient être confiées au premier venu. Aussi existait-il une « initiation » royale que l'on peut entrevoir à travers les textes et les recueils rituels. L'un d'eux, qui concerne la confirmation du pouvoir royal au nouvel an, est particulièrement révélateur à cet égard. Il nous apprend que le roi se couchait sur un lit cérémoniel et que l'officiant glissait sous sa tête quatre sceaux, deux au nom du dieu-terre, Geb, un au nom de Neith, la déesse du tissage et un au nom de Maât, la déesse de l'harmonie universelle. Ces quatre sceaux constituaient l'héritage symbolique d'Horus que le Roi devait préserver à tout prix. Apparemment défunt, le Pharaon mourait à ce qui était mortel et renaissait à la vie authentique où il devenait dépositaire d'une « énergie de règne ». Comme l'écrit Jean-Claude Goyon, « entré dans une mort symbolique au dernier jour de l'année, il se relèvera au matin de l'an nouveau à la fois régénéré et confirmé dans son pouvoir » (2).

Pour l'Egypte, le pouvoir royal n'est pas une chose acquise une fois pour toutes. Seule Maât, la justice divine, est éter-

---

(2) Pour tout ce qui précède, nous sommes redevables de l'étude de J.-C. Goyon, *Cérémonial de la confirmation du pouvoir royal du Nouvel An.*

nelle et immuable ; les pharaons tentent de la faire exister, et, périodiquement, ils sont ré-initiés afin de recouvrer un nouveau dynamisme qu'ont épuisé les années de règne et les combats quotidiens inhérents au monde manifesté.

L'allaitement du roi est, lui aussi, une source d'énergie cosmique. Lors de cet allaitement par les déesses, le roi est représenté sous la forme d'un petit enfant parce qu'il est au début d'un cycle nouveau où tout est à recommencer, une fois de plus (3). « Prends mon sein, dit la déesse, afin que tu le tètes, ô Roi, puisque tu es de nouveau vivant, et que tu es de nouveau petit » (*Pyr.* & 912 b).

Faisant suite à l'allaitement, le rite de l'accolade, notamment relaté par des bas-reliefs de Karnak, nous montre le dieu communiquant au Roi le souffle créateur. En se donnant le baiser de paix, Dieu et Pharaon font communier le monde divin et le monde humain. Ils assurent au peuple égyptien une paix authentique parce qu'elle est fondée sur une connaissance des lois de la vie.

C'est par l'acclamation qu'on consacrait définitivement la personne du nouveau Roi. Elle se produisait en deux temps ; d'abord, la grande corporation d'Héliopolis donnait l'acclamation proclamant le roi « juste », c'est-à-dire vivant en harmonie avec le cosmos. Cette corporation était une assemblée divine rassemblant probablement les sages du royaume symbolisant les dieux et dont les conseils inspiraient la sagesse du monarque. Ensuite, le Roi apparaissait à son peuple rassemblé dans l'unité ; cette fois, l'acclamation surgissait du cœur des hommes, exprimant la joie la plus intense. Le Roi continuant à vivre, le salut de chacun pouvait être assuré. De nouveau, le sol de la terre noire offrirait ses richesses, de nouveau le Temple répandrait sa lumière dans le monde entier.

Dans la plupart des représentations artistiques, le Roi est le plus grand des personnages. Son nom égyptien ne

(3) Voir J. Leclant, « Le rôle du lait et de l'allaitement d'après les textes des pyramides », *JNES*, vol. X, n° 2, avril 1951, pp. 123-127.

signifie-t-il pas « Grande maison » ? (*pr âa*). On peut le rapprocher du roi d'Assyrie dont le titre était le « Grand homme » ; non point grand par la taille, mais par sa possibilité de traverser toutes les couches sociales, tous les états de l'être humain, tous les cercles de la vie. C'est dans cette « grande maison », donc à l'intérieur du Pharaon, que l'Egypte trouvait sa sérénité et son équilibre. Le Roi n'est-il pas plus savant que les dieux, n'est-il pas celui qui voit vraiment les hommes avec des yeux divins ?

Ce Roi-symbole n'ignore rien de ce qui se produit dans son royaume. Les paroles qu'il prononce ici-bas sont entendues dans les cieux, et l'on songe aussitôt à l'enseignement du Christ selon lequel ce que nous lions sur cette terre sera lié dans le ciel. Pourquoi le désir du Roi conçu pendant la nuit se concrétise-t-il au matin ? Parce que, disent les textes, sa langue est une balance de vérité, ses lèvres sont plus exactes que l'aiguille de précision de la balance de Thot, le trône de sa langue est un temple de vérité.

C'est Pharaon en personne qui crée l'air et entretient sur cette terre la présence du souffle vital. Rationnellement, il est facile de critiquer cette proposition et de remarquer que la disparition de la monarchie pharaonique ne nous a pas privés de l'air indispensable à la vie. Cette affirmation ne serait-elle pas très superficielle ? Sommes-nous si persuadés que l'absence d'un Roi-symbole dans notre cité contemporaine n'est pas la principale cause de l'asphyxie que chacun ressent, asphyxie spirituelle et matérielle ? Le Roi d'Egypte, prolongeant ici-bas l'Œuvre du Créateur, veillait au respect des lois spirituelles et matérielles afin que l'individu ne soit pas privé du bénéfice de ses « souffles » intérieurs et qu'il n'oublie pas ceux de son prochain. Aussi le Roi est-il un « chacal à la course rapide quand il cherche son assaillant, celui qui parcourt le circuit de la terre dans l'espace d'un instant ».

Ne nous y trompons pas : à tout instant, Pharaon est partout présent. Il est l'Œil constamment ouvert et, comme l'affirme la théologie égyptienne, c'est lui qui, dans tous les temples, accomplit la totalité des actes rituels. A l'ouverture des sanctuaires, au matin, c'est Pharaon un et multiple qui éveille les dieux dans leurs demeures. Certes, un prêtre joue le rôle du roi, mais c'est l'esprit du roi qui agit à travers lui et personne d'autre ne peut présider à la création du monde, chaque jour.

Le roi d'Egypte peut être conçu comme une personne collective qui rend tangible le monde divin sur cette terre, car c'est ici et nulle part ailleurs que se joue notre destin. La prière personnelle ne se développe, en Egypte, qu'à l'époque des Ramsès. A l'Ancien Empire, le peuple place sa foi dans la personne de son roi-dieu qui, seul, peut intercéder en sa faveur auprès des dieux. Aussi Pharaon est-il le plus grand symbole créé par l'Egypte. En orientant les forces vitales dont il est dépositaire, il gouverne. C'est à cette dernière notion que nous allons maintenant nous attacher.

CHAPITRE III

L'ART ROYAL DU GOUVERNEMENT

« Les beaux jours sont arrivés, un seigneur est apparu dans tout le pays, et l'opposition est redescendue à sa place ; le roi de Haute et de Basse Egypte, seigneur des millions d'années, grand dans la royauté comme Horus, il a inondé l'Egypte de fêtes... Que tout homme de bien vienne et le voie ! La justice a vaincu le mensonge ; le péché est tombé sur le nez ; tous les gens avides sont domptés. Le Nil s'élève, il ne retombe pas ; l'inondation s'élève très haut, les jours sont longs, les nuits ont leurs heures, la lune vient exactement, les dieux sont satisfaits et heureux. On vit en admirant et en riant. »

Papyrus Sallier I, 8, 7-10.

« A dire par Nout (la déesse du ciel), grande de rayonnement :

Le roi est mon fils aîné
Qui ouvre mon ventre
Il est celui que j'aime,
Je suis en harmonie avec lui » (*Pyr.* § 1).

Ces phrases des *Textes des Pyramides* nous introduisent au cœur d'un sujet essentiel : le rôle central de Pharaon, en tant que fils du ciel, dans le gouvernement de la société égyptienne. A première vue, le problème est simple : l'Egypte est une société théocratique, le roi a les pleins pouvoirs et distribue ses ordres à une nuée de fonctionnaires zélés, plus ou moins ambitieux. De ce rapport de forces, établi comme tel par les historiens, naissent fatalement des conflits d'où l'autorité monarchique sort tantôt renforcée, tantôt affaiblie.

De nombreux ouvrages retracent, à partir d'une telle orientation, une histoire politique de la civilisation égyptienne en utilisant les textes d'une manière matérialiste qui correspond à notre vision actuelle des phénomènes sociaux. Pourtant, Pharaon est fils de Nout et de Geb, c'est-à-dire fils du ciel et de la terre. Il est formé par ces deux principes spirituels et prolonge sur terre leur harmonie cosmique. C'est dans cette perspective que nous voudrions étudier la société pharaonique en oubliant les reconstitutions politiques qui nous paraissent éloignées de la réalité égyptienne. Pour beaucoup d'érudits, les épithètes appliquées au Roi ne sont que des figures de style sans rapport avec les faits ; à notre sens, les textes sont, au contraire, d'une grande rigueur et jalonnent la route du chercheur qui accepte de les prendre au sérieux.

Dans un dialogue avec Ptah, le dieu des artisans, Ramsès II reconnaît que le dieu l'a placé sur le trône et qu'il a créé sa royauté par décret. Aussi le Roi est-il héritier de la Création totale ; cet héritage est clairement consigné dans un acte de donation officiel que Pharaon conserve avec soin dans les archives de sa conscience. Véritable exécuteur testamentaire de la divinité, Pharaon ne jouit pas béatement des richesses incroyables qui lui sont transmises. Il entre aussitôt dans un réseau de devoirs, et les dieux veillent sur la bonne application de leurs directives. « Geb n'accomplit pas d'acte disharmonieux envers son héritier qui hérite », à condition que l'héritier respecte les termes du testament cosmique.

On voit aussitôt que le Roi ne se présente pas comme un despote livré aux méandres de son bon plaisir. En assumant la direction de l'Etat, il devient le fidèle serviteur des dieux.

Ces derniers sont tantôt ses pères, tantôt ses frères. Pères, parce qu'ils sont autant de « causes créatrices » qui engendrent le principe de royauté avant qu'il ne s'incarne dans l'homme ; frères, parce qu'ils sont constamment aux côtés de Pharaon dans ses actions les plus quotidiennes. Les textes nous apprennent que ce n'est pas du sang qui coule dans les veines de Pharaon mais l'or des dieux et des déesses. C'est pourquoi il possède « la santé dans les membres », santé qui ne relève pas simplement d'un bon état physique mais d'une conformité permanente à l'ordre vital du cosmos.

« Tes bras sont Atoum, est-il dit au Roi,
Tes épaules sont Atoum,
Ton ventre est Atoum,
Ton dos est Atoum,
Tes parties postérieures sont Atoum,
Tes jambes sont Atoum... » (*Pyr.* § 135.)

De nombreux autres textes identifient chaque partie du corps de Pharaon à des divinités. Autrement dit, le gouvernement central de l'Egypte à partir duquel est constituée la société égyptienne ne peut pas être confondu avec un individu tout-puissant qui impose une autorité de droit divin. Ce gouvernement central est un Homme communautaire, un Homme dont le corps est formé de tous les dieux et de toutes les déesses. Le Roi est la bouche qui parle le langage des dieux, il est techniquement *per-âa*, « la Grande Demeure » où l'être divin, Un et multiple, siège en royauté.

« Je célébrerai les rites en tous lieux »,
affirme Pharaon,
« En vérité,
Tant que les dieux seront sur terre. » (*Abydos* I, pl. 42 B.)

Voilà clairement défini le premier devoir social du Roi : célébrer les rites dans tout le pays, animer chaque sanctuaire du souffle divin dont il est dépositaire. Pour l'Egypte, une société sans rites n'est qu'un assemblage disparate d'individus qui ne parviendront jamais à vivre ensemble. Les rites peuvent être célébrés parce que les dieux sont sur la terre. Pharaon est chargé de maintenir le statut divin de la terre des hommes pour que les forces célestes ne s'éloignent pas.

Pharaon est très précisément celui qui connaît le plus grand secret de l'harmonie sociale, l'art d'adorer les dieux. Une phrase énigmatique des *Textes des pyramides* nous enseigne qu'Horus fait s'assembler le collège des dieux pour le Roi « à l'endroit d'où il est parti » (*Pyr.* § 24) ; la mort d'un Roi juste ou, plus exactement, la fin d'un moment de la royauté, laisse donc ici-bas une « imprégnation » divine qui exclut l'absence des puissances cosmiques. Dans la personne royale, il n'y a pas de membre privé de Dieu ; sur la terre céleste créée par Pharaon, il n'y a pas de lieu privé de sacré.

Hotep di nesou, « Offrande que donne le Roi » est une expression si fréquente que la plupart des traducteurs ne prêtent plus attention à sa signification profonde. Pourtant, elle est le symbole de la totalité du culte rendu aux dieux par le Pharaon. Aux dieux et aux hommes spiritualisés, puisque le Roi en personne assure un service d'offrandes pour l'âme lumineuse de tous les Egyptiens qui ont franchi les portes du ciel.

Qu'est-ce que l'offrande ? L'occidental contemporain est habitué à des formes de prière où, la plupart du temps, l'individu « réclame » à Dieu quelque chose qui l'avantage ou le supplie d'écarter de lui une souffrance quelconque. Dans un tel contexte, l'offrande est réduite au minimum. Nous offrons notre « bonne volonté », notre confiance et nous attendons quelque chose en retour.

Pharaon n'étant pas un individu, mais l'être communautaire qui sacralise une société, son offrande est d'une autre nature. « L'offrande, écrit Alexandre Varille, est à considérer comme la signature générale de l'action. Ce n'est certes pas le Roi qui peut agir par l'offrande sur le Neter (le dieu) : mais c'est bien le Neter qui agit dans le Roi résumant une totalité humaine. » (*ASAE* LIII, 117.)

Le don, par conséquent, s'impose pour « dynamiser » l'activité humaine, lui conférer un statut sacré lui évitant de s'engluer dans une matérialité élémentaire. L'offrande n'est jamais liée à l'histoire ; elle est le moyen par lequel Pharaon délivre son peuple du conditionnement temporel.

Aussi le Roi est-il fils et amant de Maât qu'Aldred définit comme « l'ordre cosmique à l'époque de son établissement par le créateur ». Disposant d'une « perception omnisciente », le Roi maintient le pays et la société dans l'état primordial créé par les dieux. Sa bouche « étant établie en équilibre », selon l'expression des *Textes des pyramides,* il ne permet à aucun individu de s'écarter de la communauté pour satisfaire ses désirs personnels. Dès qu'un tel désastre se produit, l'Egypte n'est plus fille de la Lumière. Une distance ténébreuse s'établit entre le « fonctionnement » de l'Etat et celui de l'Ordre primordial où vivent les dieux. Faire exister Maât revient à respecter les proportions divines qui régissent tous les domaines de l'existence sociale, de la célébration du culte jusqu'au comptage des grains. Prier sans conscience ou déplacer les bornes d'un champ sont des fautes contre l'esprit aussi graves l'une que l'autre ; dans les deux cas, l'homme vil trahit Maât et lui substitue la notion de bénéfice personnel qui déchire l'harmonie de la communauté.

Pour Maât, il n'y a pas de « grande chose » et de « petite chose ». Aussi n'existe-t-il pas, dans l'Egypte traditionnelle, une « raison d'Etat » et « une raison individuelle » qui recouvriraient des domaines bien distincts. Si l'individu ne participe pas de l'état symbolique engendré par le Roi grâce à l'exercice d'un métier, il ne se trouve pas dans l'Etre, il ne dispose pas d'une réalité authentique.

Cette société fondée sur la rigoureuse application de Maât n'est pas arbitraire ; chacune de ses composantes, en effet, a le sentiment profond de prendre part à la vie royale. Pharaon est à la fois le plus lointain et le plus proche. Le plus lointain, parce qu'il est fils de Dieu éternellement situé au centre du palais ; le plus proche, parce qu'il célèbre le culte et les rites qui sont les actes essentiels de la vie sociale. Lorsque dans *Le Livre de la divine consolation,*

Maître Eckhart évoque la Justice, il donne une excellente définition de Maât : « Mais la justice pure, dit-il, n'ayant pas de père créé, étant absolument une avec Dieu, est son propre père qui est Dieu. »

Pharaon, nous l'avons dit, est l'œuvre d'art la plus parfaite qui soit. Ce n'est pas un politicien qui parvient au pouvoir après de nombreuses intrigues, mais essentiellement un être symbolique qui naît le jour du couronnement.

Après avoir été purifié, le candidat est présenté aux dieux soit par le roi précédent, soit par une divinité. Les noms du Roi sont proclamés, sa nature profonde est mise au jour. Les dieux lui donnent les couronnes, le Roi fait pour eux les actes d'offrande. Quelques textes assez allusifs tendent à prouver que le pharaon-individu était dûment éprouvé avant de recevoir les devoirs de sa charge. Citons l'exemple de Ramsès II qui rappelle la manière dont Séti Ier, son père, l'a orienté vers la royauté : « Lorsque mon père apparut officiellement devant le peuple, moi étant un enfant sur ses genoux, il dit, parlant de moi : « Couronnez le Pharaon afin que je puisse juger de ses qualités pendant que je vis encore. » Et il ordonna aux chambellans de placer sur ma tête la double couronne. « Laissez-le administrer ce pays ; laissons-le se montrer lui-même au peuple. » Ainsi parla-t-il, montrant ainsi son grand amour pour moi. » (cf. Aldred, *Akhenaton,* 24.)

Le Roi « en exercice » vérifie de la sorte les aptitudes du futur souverain grâce à l'institution de la corégence qui fut peut-être une constante de la monarchie. Quoi qu'il en soit, il nous semble que l'on a mal posé le problème de la légitimité du roi en Egypte. On a souvent méprisé les textes de couronnement sous prétexte que les rois se glorifiaient eux-mêmes ou qu'ils tentaient, par la phraséologie sacrée, de pallier leur naissance roturière. En réalité, le concept de « noblesse » est fort clair dans la théologie égyptienne : le Roi règne « dès l'œuf », il est prédestiné par les dieux à sa fonction. Personne ne peut choisir de son plein gré la fonction royale ; elle est attribuée comme le fardeau le plus pesant et le plus libérateur, car le Roi d'Egypte est le « point commun » qui donne un sens aux rites et aux symboles.

« Etoile aiguë de front,
Voyageant au loin, »

chante un passage des *Textes des pyramides,*

« Qui apporte les produits lointains,
A la lumière de chaque jour,
Le Roi vient vers son trône,
Le Roi apparaît en tant qu'étoile. » (*Pyr* § 263.)

Dès que le Roi est couronné, il devient précisément cette étoile qui guide les pas de chaque égyptien sur le chemin de la vie. Il s'occupe, comme chacun de ses prédécesseurs, de réorganiser l'existence terrestre telle qu'elle se déroulait à l'époque où les dieux régnaient sur l'Egypte.

Il n'y a pas, dans la conscience égyptienne, la notion d'un paradis perdu et d'une faute originelle ; chaque Pharaon restaure l'unité à la mort de l'ancien roi, fait ce que les ancêtres ont fait. Le nouveau règne représente un immense espoir qui sera réalité par la juste pratique des cultes. C'est pourquoi le nouveau roi restaure les sanctuaires ou en crée de nouveaux, fait sculpter les statues des divinités, parcourt les villes d'Egypte et leur octroie les merveilleuses richesses dont elles disposaient au temps de l'Ennéade.

Le Roi doit ressusciter les temps primordiaux parce qu'ils étaient et qu'ils seront à nouveau des temps de lumière où l'homme peut accomplir ce qu'il a de plus vrai en lui. Pour mener à bien ce « programme », le Pharaon agira par ce que l'on pourrait nommer « le gouvernement des couronnes ». Celles-ci, affirme un texte, sont aussi solidement posées sur la tête du roi que le ciel sur ses quatre piliers.

Les deux couronnes principales sont la blanche, symbolisant le sud de l'Egypte, et la rouge, symbolisant le nord. Cette dernière est caractérisée par un fil de métal recourbé en spirale, une sorte d'antenne dont il est dit qu'elle atteint les hauteurs du ciel (Goyon, *Rituels funéraires,* 155).

D'après un texte du temple d'Esna où Osiris s'adresse au roi (Sauneron, *Esna* V, 205), ces couronnes s'unissent sur la tête du roi pour qu'il règne sur l'orbe du ciel :

« A toi la couronne blanche, en tant que roi du sud,
les deux couronnes en tant que roi du Sud et du Nord,
réunies sous la forme de la double couronne ;
Tous les pays étrangers sont courbés devant ta puissance,
Les Neuf Arcs sont réunis sous tes sandales,
Tandis que tes adversaires tombent sous toi,
Et que l'Égypte est sereine sur ton eau
(c'est-à-dire en demeurant fidèle à Pharaon)
Souverain pour l'éternité, sans second ! »

La réunion des deux couronnes forme le pschent, d'où jaillit « la grande de magie », le serpent uraeus, vigilant gardien de la face royale. De la bouche de l'uraeus sort une flamme qui détruit les ennemis et les forces nocives.

La symbolique de la dualité — qui trouve son accomplissement harmonieux dans la conciliation des contraires exprimée par le Pharaon — est souvent évoquée par les textes :

« Ce qui appartient au Roi,
C'est son Père qui le lui donne,
C'est la Lumière (Rê)
Qui lui donne orge, épeautre, pain, bière.
Le Roi est celui aux cinq repas
Dans le temple,
Les Trois sont dans le ciel
Avec la Lumière (Rê)
Les Deux sont sur la terre
En compagnie des deux Ennéades. » (*Pyr.* § 121.)

Les cinq repas ne sont pas sans rapport avec le caractère d'Homme réalisé du Pharaon ; les « Trois » qui sont dans le ciel correspondent à l'aspect ternaire de la personne royale dont nous reparlerons bientôt. Quant aux « deux » qui sont sur la terre, ils évoquent l'Égypte du sud que le

Roi gouverne en tant que « Celui du jonc » et l'Egypte du nord qu'il régit en tant que « Celui de l'abeille ». Marier le jonc à l'abeille, unir les deux pays sont des tâches quotidiennes du Roi sans lesquelles aucune vie sociale ne serait viable. Pharaon a pleinement conscience que les humains sont toujours attirés par les oppositions et les contraires ; son rôle n'est pas de faire disparaître ces réalités éternelles mais de les sublimer par une communion. Pharaon va d'ailleurs plus loin ; s'il règne sur la « terre noire », symbole de l'Égypte fertile, il préside aussi aux destinées du désert rouge, le pays de Seth aux violences incontrôlées.

Cette indication implique, nous semble-t-il, deux conséquences fondamentales. Pharaon veille sur l'harmonie naturelle du Nord et du Sud compris comme les deux « états » symboliques de l'Égypte située au centre de l'univers. Cette tâche immense s'applique à un monde fertile qui reçoit l'ordre comme une bénédiction. Mais, à ce travail régulier et constant s'ajoute une aventure qui projette l'institution royale dans l'inconnu : soumettre les fantômes du désert, affronter ses dangers, faire de cette zone aride une terre sacralisée.

Quelle que soit la splendeur du Double pays, par conséquent, il y aura toujours l'environnement désertique qui rappelle au Roi que la sérénité sociale n'est jamais définitivement acquise.

« Les deux êtres divins apparaissent. Les deux dieux s'unissent en lui » : tel était le nom symbolique du pharaon Khasekhemoui.

« Prends les deux yeux d'Horus »,
exigent les textes des Pyramides,
« Le noir et le blanc,
Prends-les pour toi à ton front,
Qu'ils illuminent ton visage.
Élévation d'un vase blanc et d'un vase noir » (*Pyr.* § 33).

Souverain qui préside au mariage du rouge et du blanc, du noir et du blanc, Pharaon est le conciliateur des contraires comme le soulignent si nettement les *Textes des Pyramides* :

« Le Roi a uni les cieux,
Le Roi construit la Cité de Dieu
Conformément à son devoir,
Le Roi est le Troisième
Lors de son apparition » (*Pyr* § 514).

C'est pourquoi il dispose de trois facultés symboliques majeures : la Vie (*ankh*), source de toute création divine et humaine, la Force (*ouas*) et la Santé (*seneb*), qui est assimilable à l'architecture ordonnée de toute chose. Ces trois facultés sont complétées par la Durée (*djed*) que symbolisent les quatre piliers du ciel, montrant ainsi que la personne royale est un temple aux dimensions du cosmos, un temple éternellement stable.

Ces premières notions prouvent clairement que le Roi d'Égypte ne saurait être confondu avec un potentat ne songeant qu'à profiter de ses richesses. Les étapes qui mènent à la monarchie et les règles qui la régissent ne sont pas destinées à former un chef imbu de ses pouvoirs mais un Serviteur. Le terme *hem*, qui désigne souvent le Roi et que l'on rend ordinairement par « sa majesté » ne signifie-t-il pas également « serviteur » ?

Une imagerie d'Epinal de mauvais aloi a trop répandu le prototype imaginaire d'un ancien monarque oriental qui fait couper des têtes pour se distraire, se gave de nourriture et de boisson et passe de longues heures dans son harem. La civilisation égyptienne n'est pas une Rome décadente où les folies humaines sont placées au pinacle. Si les valeurs de la pensée et de la recherche symbolique sont conservées par une classe de savants et de scribes, rappelons que Pharaon est le premier d'entre eux. « La tradition des rois lettrés, écrit Aldred, était très ancienne en Égypte, et les textes des pyramides parlent du Pharaon qui, après sa mort, agissait en tant que scribe des dieux. Il est en vérité impensable que le dieu incarné n'ait pas été instruit dans les arts magiques de la lecture et de l'écriture que présidait Thoth, le dieu de la sagesse ; et il est presque certain qu'il compulsait tous les documents importants de l'Etat » (*o.c.*, 202).

Cette analyse est riche d'enseignements. Elle pourrait évoquer le règne d'un roi philosophe, à la condition que l'on définisse la « philosophie » comme l'amour de la Sagesse et non comme le goût d'un système intellectuel limité à l'homme. L'Égypte, certes, fut un monde de Lumière car les Pharaons en étaient les héritiers directs chargés de l'exalter dans une société dont ils façonnaient l'âme. Ils évitaient soigneusement l'erreur des philosophes du siècle dit « des lumières » : plaquer une doctrine intellectuelle sur un gouvernant. Pharaon, soulignons-le une fois encore, n'a rien à démontrer, rien à prouver. Il agit comme les ancêtres divins ont agi et, pour y parvenir, il remplit avec le maximum d'éclat la plus haute fonction sociale : construire.

Nous étudierons dans le chapitre suivant un célèbre texte de fondation, mais nous devons dès maintenant évoquer la figure du Roi-bâtisseur dans le cadre de son gouvernement. Lorsque les dieux régnaient sur l'Égypte, ils utilisaient un ouvrage sacré intitulé « Livre de fondation des temples pour les dieux de la Première Ennéade ». Cet ouvrage avait été rédigé en langage symbolique par Imhotep, grand prêtre de Ptah, puis avait été emporté au ciel. Imhotep, soucieux de l'avenir du royaume, laissa tomber le livre au nord de Memphis. C'est là que le premier pharaon le découvrit. Il fut ensuite transmis de roi en roi afin que les plans divins soient toujours appliqués lors de l'érection des édifices (1).

Dans ce domaine, comme dans les autres, Pharaon n'est esclave d'aucune fantaisie individuelle. Il bâtit le temple, le *set-ib*, « la place du cœur » selon les proportions originelles. Chaque temple est effectivement le cœur du pays ainsi que le *ro-per*, expression qu'Alexandre Varille traduit par « ce qui paraît, ce qui manifeste sur terre l'activité créatrice ». « Philosophiquement parlant, poursuit-il, le Roi construit son temple selon la nature qu'il incarne, en lui donnant le

---

(1) Cf. Sauneron, *BIFAO* LXIV, 1966, 185-6.

caractère de son temps... Vrai roi de droit divin, Pharaon s'adorera lui-même dans les grands centres de l'Égypte, en rendant un culte non pas à sa personne mais au *neter* (la force divine) qui est en lui » (*Quelques caractéristiques du temple pharaonique,* 1-2).

C'est par ce culte rendu par le roi-individu au pharaon-symbole, à l'intérieur d'un édifice sacré construit selon les directives divines, que la société égyptienne trouve son équilibre dynamique. Les rois bâtissent par nécessité spirituelle, non par désir de satisfaction esthétique ou pour exalter leur gloriole individuelle.

L'édifice sacré est conçu comme un moyen de faire communiquer le ciel et la terre. La pyramide à degrés du roi Djeser, à Saqqara, est particulièrement significative à cet égard et l'on doit citer l'un des textes explicitant cette idée :

« Je me suis purifié sur l'éminence,
proclame Pharaon,
où Rê se purifie,
J'établis l'escalier,
Je dresse l'échelle. » (*Pyr.* & 542.)

Le roi n'agit pas directement sur la société. Il se préoccupe d'abord de manifester le sacré en bâtissant le temple, de construire l'escalier ou l'échelle qui relient le divin à l'humain.

Sans doute les pharaons n'ont-ils pas recherché le bonheur des individus, au sens moderne du mot. Leur devoir consistait plutôt à offrir les moyens communautaires que chacun utilisait pour parvenir à son propre bonheur et, plus encore, à sa propre intégration au cosmos. Un texte grandiose décrit le roi comme une puissance en mouvement :

« Son pain d'offrande est en haut,
en compagnie de Rê,
Son repas est dans l'océan primordial,
Le roi est celui qui circule çà et là,

Il vient et va en compagnie de la Lumière,
Il embrasse ses temples. » (*Pyr.* § 310.)

*
* *

Des approches plus concrètes feront mieux comprendre que le statut sacré de pharaon est indissociable de son action sociale. Dans le domaine économique, une réalité s'impose : le roi est le seul propriétaire de la terre d'Égypte dans sa totalité. Telle fut la volonté des dieux. En conséquence, il possède tout ce qui s'y produit et veille sur tout ce qui s'y accomplit. A certaines époques, des pharaons offrirent des parcelles de territoire à des sujets qui s'étaient illustrés par leurs qualités ou leurs vaillances mais, dans le principe, Pharaon restera identifié à l'Égypte entière.

Notre idée de « propriété » paraît, en effet, trop étroite pour rendre compte du phénomène que nous évoquons. Pharaon est l'Être communautaire par excellence, formé par l'action de tous les dieux ; la Terre est, elle aussi, une communauté d'éléments formés par les mêmes dieux. La Terre, cependant, attend d'être « travaillée » pour que ses richesses se révèlent. Pharaon et Terre ayant une « nature » identique, le Roi sait la respecter et ne pas la blesser. Si un homme incompétent blesse la terre, c'est le Pharaon en personne qu'il agresse ; si un malandrin essaie de déplacer les bornes d'un champ afin d'élargir la parcelle qui lui est confiée, c'est Pharaon en personne qu'il essaie de tromper.

« L'écologie » égyptienne, si l'on nous permet d'employer ce terme, est donc fondée sur la théologie. De plus, le paysan sait fort bien que c'est Pharaon qui assure la crue du Nil, régularise les saisons et pallie les disharmonies naturelles en assurant la subsistance de chacun. Les produits de la terre sont confiés au Roi qui en oriente une partie vers le Temple et une autre vers les hommes d'Égypte ; chacun obtient ainsi ce qui lui convient, ni plus, ni moins.

Pharaon ne se limite pas à l'exploitation des richesses de la terre. En tant que « maître des greniers », il engrange aussi ici-bas les fruits du ciel. La partie supérieure des petits modèles de greniers retrouvés dans les tombes est, en effet, un ciel renversé. Peut-être faudrait-il les comparer avec les greniers Dogons qui contiennent le système du monde et les graines essentielles.

Les problèmes de quantité, bien entendu, ont causé des préjudices à l'Egypte comme aux autres nations. Il serait puéril de nier l'existence de périodes de famines ou de difficultés économiques ; dans la vision pharaonique, cependant, l'important est la conservation qualitative des produits et des biens, de ces « graines essentielles » d'où proviendra une renaissance certaine après l'épreuve.

La maîtrise du circuit économique, inscrite dans la personne de Pharaon, est liée à une maîtrise beaucoup plus vaste :

« Ses frontières vont jusqu'à l'orbe du ciel », est-il dit du Roi,

« Les pays sont groupés en un seul faisceau
Dans sa main...
L'Egypte est partout où il est...
Il a rassemblé l'universalité des êtres
Dans son poing.» (*Stèle d'Aménophis à Guizèh*).

L'Égypte étant symboliquement située au centre du monde, comme tous les autres empires traditionnels, Pharaon règne sur toute l'humanité ou, plus exactement, il est responsable du maintien de l'idée royale devant toute l'humanité. C'est alors qu'intervient l'extraordinaire puissance du Roi.

Une stèle affirme que personne ne pouvait bander l'arc d'Aménophis II, que personne ne pouvait l'atteindre à la course, que personne ne pouvait ramer aussi longtemps que lui. « Il banda 300 arcs durs pour comparer le travail de leurs fabricants, afin de distinguer un ouvrier ignorant d'un connaisseur. » Il transperça de ses flèches des cibles de cuivre et « ce fut un coup qu'on n'avait jamais fait depuis que le monde existe ».

Ne voyons pas là une propagande naïve destinée à effrayer des esprits qui n'étaient pas plus faibles que les nôtres.

Pharaon, chef des armées, déploie la force la plus intense et la plus extraordinaire parce qu'il est l'instrument de la puissance divine. La stèle de Piankhi, par exemple, nous apprend que le Roi triomphe de ses adversaires en usant de la Voix créatrice et, qu'en réalité, c'est la « Lumière cachée », symbolisée par Amon-Rê, qui lui ordonne d'agir et triomphe à travers lui.

Pharaon connaît l'existence de l' « ennemi », sait que la société la plus harmonieuse est menacée par des ferments de destruction inhérents à la nature humaine. Préférant la bienveillance (le fait de bien veiller) à la « douceur » humaniste, il est alors semblable au Christ qui jette un feu sur le monde et utilise, parmi de nombreuses armes rituelles, la massue de pierre blanche (*hedj*) dont l'origine remonte à la Préhistoire. Nous lui attribuons un rôle particulier, en raison d'une scène fréquemment représentée, notamment sur les pylônes des temples, où l'on voit Pharaon, armé de cette massue, prêt à assommer un groupe d'ennemis réduits à l'impuissance. Affirmation de la toute-puissance du Pharaon ? Constat de victoire ? Certes, mais ces interprétations évidentes ne suffisent pas. La massue *hedj*, « la blanche », est aussi l'illuminatrice, celle qui frappe pour éclairer l'ennemi, lui apporter la lumière qui lui manquait.

L'ennemi, dans la conception symbolique des anciens Égyptiens, est celui qui tente de détruire l'ordre éternel établi par les dieux et préservé par le pharaon. En tant que rebelle, il tente de briser l'architecture sacrée de la société. Le rôle du roi est de transformer cet ennemi, porteur de pulsions négatives et dévastatrices, en un être de lumière. Dans l'univers divin, la même idée était exprimée par le mythe de la terrifiante déesse lionne Sekhmet qui, charmée par les chants et les danses, se transformait en Bastet, douce déesse chatte.

Lorsqu'il frappe l'adversaire de sa massue blanche, Pharaon le transforme en offrande. C'est également une massue, en effet, qui est utilisée pour frapper les aliments et les transformer en dons rituels offerts aux dieux. Lorsque les héros chrétiens livreront bataille aux dragons, ils ne cher-

cheront pas tant à les tuer qu'à les pacifier, découvrant en eux les richesses cachées sous une apparence monstrueuse. Pharaon réintègre l'ennemi apaisé dans l'ordre du monde.

Cette symbolique est présente, sous diverses formes, dans les scènes des grands temples ptolémaïques comme Edfou, Dendera ou Kom Ombo. On y voit le roi immoler la gazelle, le porc ou l'âne, c'est-à-dire des créatures du dieu Seth. Ce dernier détient la puissance vitale à l'état brut, la force cosmique capable de tout détruire lorsqu'elle est mal utilisée. Dans la gueule, le ventre ou les membres de ces animaux sacrifiés, on retrouvait l'Œil d'Horus intact. Cet Œil, symbole de l'offrande, incarne aussi le regard juste du roi sur le monde.

Les peaux d'animaux servent également de linceul de résurrection. On évoque « le bon ensevelissement dans la peau de Seth l'adversaire », le passage par cette matrice où l'être se dépouille du « vieil homme » pour devenir un « homme nouveau », recréé à l'image des dieux.

« Le Roi brise le conflit,
Tranche les faiseurs de désordre,
Il est la flamme
Devant le vent
Jusqu'à l'extrémité de la terre » (*Pyr.* § 324).

expliquent les *Textes des Pyramides*. « Faire monter la flamme » est une activité essentielle du Roi qui, pour consacrer le temple de Soleb, frappe douze fois la grande porte avant d'apporter le feu qui éclaire quatre fois le Naos. C'est encore aux *Textes des Pyramides* que nous demanderons une illustration de ce rôle du Roi-Feu qui donne naissance

à l'harmonie sociale :

« La Lumière (Rê) dans le ciel
Est mise en harmonie pour toi
Elle concilie dans l'harmonie
Les deux seigneurs pour toi.
L'obscurité est mise en harmonie pour toi,

Les deux souveraines sont en harmonie pour toi,
L'harmonie est ce qui t'est apporté,
L'harmonie est ce que tu vois,
L'harmonie est ce que tu entends,
L'harmonie est devant toi,
L'harmonie est derrière toi,
L'harmonie t'appartient. » (*Pyr.* § 34.)

La « respiration » communautaire du peuple égyptien n'existe que par le « canal » de la personne royale en qui chaque être trouve son Feu, sa propre raison de vivre.

« Les rois, rapporte Diodore, ne pouvaient pas vivre à leur gré. Les heures du jour et de la nuit auxquelles le roi avait quelque devoir à remplir étaient fixées par les lois et n'étaient pas abandonnées à son arbitraire. Eveillé dès le matin, après s'être baigné et revêtu des insignes de la royauté et de vêtements magnifiques, il offrait un sacrifice aux dieux. Il y avait un temps déterminé, non seulement pour les audiences et les jugements, mais encore pour tous les actes de la vie... (les rois) ont conservé ce régime pendant fort longtemps et ont mené une vie heureuse sous l'empire de ces lois. » Ce texte rend fort bien compte de la réalité, le Pharaon demeurant, dans l'acte le plus sacré comme dans l'activité la plus quotidienne, le modèle parfait sans cesse régénéré par les dieux. S'il est comparé à une fleur qui pousse hors de terre, c'est qu'il exprime en esprit et en vérité la quintessence de toute chose qui oriente vers Maât les rapports humains.

Le Roi est identique à la Lumière dans l'exercice de ses fonctions, la sagesse réside dans son cœur-conscience, ses paroles deviennent chair du monde parce qu'il parle l'ultime réalité. Et les *Textes des Pyramides* nous offrent la conclusion de cette brève enquête :

« Le Roi est grande puissance de maîtrise,
Qui a puissance de maîtrise
Sur les puissances de maîtrise,
Le Roi est symbole sacré,
Le plus sacré des symboles sacrés du Grand » (*Pyr.* § 407).

CHAPITRE IV

RITUEL ET MYSTERE DE LA NAISSANCE

> « Réciter les paroles par Khnoum sur le tour : après t'avoir modelé de mes propres mains, je crée ton corps en corps divin, j'ajoute à ta perfection. Je fais que ta durée surpasse la durée du ciel lointain. Autant que dure le ciel, tu es roi. »
>
> (Daumas, *Les Mammisis,* 409.)

S'il est un symbole auquel la pensée égyptienne attacha une importance majeure, c'est bien celui de la naissance du divin. Cette dernière fut exposée dans un magnifique rituel que révéla François Daumas dans son ouvrage « *Les Mammisis des temples égyptiens* » les Belles-Lettres, 1958. Révélation fondamentale, puisque la naissance de la divinité est aussi l'apparition de la conscience en l'homme et, plus encore, celle de l'harmonie dans la communauté des vivants. Le symbole étant, pour la spiritualité pharaonique, indissociable du rite, ce dernier a enregistré toutes les étapes qui mènent de la conception de la divinité à sa manifestation. En nous appuyant sur l'étude de Daumas, c'est à ce mystère que nous voudrions à présent consacrer quelques remarques de portée générale.

Le lieu où se déroule le mystère est la chambre de l'enfantement que les Maîtres d'Œuvre des grands temples consacraient à la Mère divine et à son enfant. La Mère réunit en elle tous les aspects de la Nature créatrice (la Nature naturante du Moyen Age) et de la nature manifestée (la nature naturée) ; elle est cet immense « réservoir » des possibles d'où jaillissent à tout instant les éléments indispensables au bon fonctionnement du monde. Son enfant, dans cette perspective, est l'agent créateur qui rend perceptibles à l'humanité les richesses spirituelles et matérielles de la Mère. C'est pourquoi l'enfant de la Déesse ne peut être que le Roi, quel que soit le nom particulier qu'on lui donne. Fils de la « femme noire et rose », fils du ciel, il est cet Orient de la vie grâce auquel la société purifie ses désirs, grâce auquel l'homme remplace sa volonté de puissance par le dynamisme vital. Le Roi est émanation de la Mère, il en prolonge la vérité cosmique ; par lui, la terre est régénérée, le Ciel devient un Nil fécondant où s'unissent les étoiles et les astres dans une même transparence.

L'un des maîtres de la chambre de la naissance divine est incontestablement l'énigmatique dieu Bès qui veillait à ce que l'accouchement de la déesse se déroule sans incidents. Ce nain qui nous paraît grotesque, sans doute parce qu'il porte un masque comme Dyonisos, avait réussi à calmer la déesse furieuse qui menaçait de détruire le monde. Par des rites magiques fondés sur la musique, Bès s'était admirablement acquitté de cette tâche très difficile ; capable de dissiper tout excès, il protégeait les parturientes avec efficacité. Notons aussi que l'on a retrouvé des fœtus venus avant terme ensevelis dans une statue de bois à laquelle le sculpteur avait donné la forme du dieu Bès (1). C'est dire que Bès donnait la vie au-delà de la mort, sanctifiant tout germe d'existence et prolongeant dans l'éternité ce qui paraissait condamné dans le temps. Etant « celui qui fait monter », Bès est à proprement parler l'initiateur, celui qui nous fait pénétrer dans la connaissance des mystères. Si notre hypothèse selon laquelle le visage de Bès est bien un masque,

---

(1) Cf. Lortet et Gaillard, *La Faune momifiée de l'ancienne Egypte*, 1905, p. 201 sq et Daumas, *Les Mammisis*, p. 139, note 4.

cette fonction d'initiateur s'avère encore plus évidente car, comme l'écrit W. Otto, le masque est « le plus fort symbole de la présence. Il est tout entier rencontre, rien que rencontre, pur en-face. » (*Dyonisos*, 97-8.)

Abordons à présent d'une façon directe le rituel de la naissance divine qui, ne l'oublions pas, est également celui de notre renaissance à une vision divine de la réalité.

Le dieu Amon siège sur son trône. Thot entame un dialogue avec lui, la Grande Ennéade assistant à la scène. Amon exprime sa joie, Thot lui demande de venir voir son fils. « Ton cœur sera heureux, lui dit-il, lorsque tu joindras son corps en vie et stabilité. Tu affermiras ton successeur sur terre. » Les dieux de l'Ennéade lui accordent la dilatation de cœur, les offrandes alimentaires, la force de vaincre, des années d'éternité, l'amour et la puissance, la totalité des pays. Cette scène, qui fut prolongée au Moyen Age par le mythe des fées se penchant sur le berceau du nouveau-né pour lui dispenser des bienfaits, est la préparation magique de la Création. Amon, le principe caché de toutes choses, se prolonge par Thot, principe de la formulation du sacré et de la « mise au jour » des paroles divines. Leur dialogue représente un formidable ébranlement du cosmos ; tout à coup, les forces les plus fécondes de la création se mettent à parler. En l'homme s'éveille une nature immortelle qui établit une jonction avec l'intelligence. Il s'agit d'une sorte d' « étincelle » qui, brusquement, change le cours des choses. Par le dialogue d'Amon et de Thot, nous quittons le monde des phénomènes pour entrer dans celui du cosmos. Cette conclusion est encore renforcée par la présence de l'Ennéade, la communauté symbolique de neuf divinités qui constituent le noyau interne de toute vie. L'Ennéade accomplit son rôle primordial puisqu'elle « infonde » l'esprit du futur enfant-Roi en lui accordant une série de qualités qui sont beaucoup plus que des cadeaux ou des offrandes matérielles. La « dilatation de cœur », expression fréquente, est la joie de vivre inhérente à la fonction royale ; ce n'est pas un simple sentiment mais un rayonnement intense comparable à la lumière du soleil de midi. Le Roi sera perpétuellement « dilaté de cœur » parce qu'il est le réceptacle de la joie cosmique résultant des mutations incessantes des forces célestes. Le don des offrandes alimentaires est, bien entendu, une nourriture, mais ne se réduit pas à cette idée élémentaire ; la nourriture en question est un entretien vigilant du « feu secret », l'offrande établissant le lien indispensable entre le ciel et la terre. Pharaon, grand maître de l'offrande, est le médiateur par excellence qui reconstruit chaque jour le « pont » entre l'humanité et son Principe. C'est pourquoi il reçoit la soumission de tous les pays, ces derniers étant considérés comme autant d'expressions particulières qui communient dans l'unité du Roi.

L'impulsion primordiale est donnée. Par la volonté du Principe, l'Ennéade crée le noyau intérieur du futur Roi, sa « moelle épinière », et Thot, l'intelligence cosmique, rend cette création tangible par le Verbe.

La déesse Hathor fait alors son entrée. Elle est assise sur un lit à tête de lion, face à Amon qui a choisi la même posture. Le dieu déclare s'unir à la déesse par « dilatation de cœur », se réjouissant de sa rosée, de son parfum et de l'odeur de son corps. « Me voici », dit Amon, « qui établis solidement ton fils, pour qu'il lie l'héritage du double pays, pour qu'il embellisse les temples des dieux et qu'il façonne leurs statues. » La déesse, s'émerveillant de la « sortie » du Grand Dieu, remarque que ses paroles sont immédiatement suivies d'une création. Selon une pensée fréquemment exprimée dans les textes, le « mot juste » n'est pas seulement une force qui crée la réalité ; c'est la réalité elle-même, l'être par excellence qui se développe ensuite dans tous les règnes. On pourrait dire que les divinités sont les synthèses parfaites unissant les « mots justes » que Pharaon perçoit et transmet à la communauté des vivants. Le divin parfum du corps de la déesse emplit l'univers de sa magie pour qu'Amon parle, pour qu'il établisse fermement le Roi comme un temple, le Roi qui sera d'abord le constructeur des temples où sont inscrites les paroles des dieux. Tout, dans ce mariage du dieu et de la déesse, est jeu de résonances subtiles, de puissances impalpables qu'une troisième divinité, le bélier

Khnoum, est chargé de rendre plus concrètes. Amon lui ordonne de modeler le Roi sur son tour de potier et de le créer à l'image de sa perfection. « Je tourne le Roi, assure le Bélier, à la ressemblance de ta personne. » C'est à un corps divin que le potier céleste donne naissance, c'est une royauté durable autant que le ciel qu'il engendre. En aucun cas, on ne saurait limiter une telle action à des phénomènes historiques ; il s'agit d'une naissance en éternité, de cette « venue royale dans l'instant » que la tradition symbolique célèbre depuis les *Textes des Pyramides* jusqu'à Maître Eckhart écrivant ces phrases si proches de la pensée égyptienne : « Il y a une action intérieure que ni le temps ni l'espace ne limitent ; et dans cette action même quelque chose de divin et de pareil à Dieu que ni temps ni espace ne circonscrivent, présent et toujours le même. » (13e considération du *Livre de la divine consolation.*)

Comme le précise un texte d'Edfou, l'œuvre de Khnoum n'est pas accomplie de temps à autre ou une fois pour toutes. Le potier « ne se fatigue point de tourner, son œuvre ne cessera pas ». Sa création n'est pas l'aboutissement d'un processus, mais le germe de vie le plus pur ; à chaque seconde, le bélier potier modèle le Roi sur son tour.

Ce fait surprenant mérite d'être analysé avec plus de précisions. Le choix du tour, en premier lieu, ne nous paraît pas arbitraire ; cet instrument de création, en effet, est une manifestation continue de la spirale et du cercle. Il est l'une des expressions les plus claires du mouvement issu du travail conscient de l'artisan. Autrement dit, Pharaon est « Roi en mouvement », Roi au cœur d'un mouvement évolutif qui ne s'arrête jamais.

Si, parfois, on a considéré l'Égypte comme une civilisation statique, c'est que l'on a confondu agitation et mouvement. Les civilisations décadentes, en effet, ne sont que troubles et transformations perturbantes, offrant le spectacle de faits multiples et contradictoires particulièrement spectaculaires pour l'historien. La civilisation pharaonique ne se donne pas en spectacle, mais adopte le rythme d'un mouvement intérieur né de l'immuable. C'est parce que Pharaon naît à chaque instant du moyeu immobile de la roue qu'il peut donner vie et dynamisme à l'Égypte. En la personne du Roi se marient un « corps immortel », parfaite image de Dieu, et un « corps mortel », parfaite image de l'humanité. Ces deux corps sont à la fois éternité et changement, perfection et imperfection, esprit et chair. De plus, l'éternel travail du potier prouve qu'il considère toujours le Pharaon comme l'enfant à modeler ; cet aspect « enfant éternel » du Roi est très proche de la minuscule « étincelle divine » de l'hermétisme et du « petit Roi » alchimique qui gît au cœur de notre conscience. Il est « celui qui meurt aisément », dit la tradition indo-européenne et, pourtant, il est immortel. La faiblesse des hommes ne peut que l'obscurcir, non le tuer. Si Khnoum veille à restaurer perpétuellement Pharaon en tant qu'enfant, c'est qu'il souhaite lui offrir un regard toujours neuf, une vie toujours ouverte sur les mutations de l'univers. Pharaon est cet enfant de lumière, si minuscule qu'il devient parfois invisible, si gigantesque qu'il peut contenir l'humanité en son sein. Retenons surtout que la naissance de l'enfant royal ne s'accomplit pas dans le temps, mais qu'elle est fruit de l'instant.

Le rôle du bélier Khnoum ne s'arrête pas là. Il convie Hathor, dont le nom signifie « temple d'Horus », à se rendre au palais pour s'étendre sur le lit d'accouchement. Alors que l'ensemble des forces créatrices se recueille, Amon s'approche de la déesse pour lui communiquer les souffles issus « de tout l'orbe (que décrit) l'œil de la Majesté du Seigneur du ciel ».

Fait curieux, les scènes figurées, extrêmement claires dans leur détail, posent cependant un problème considérable : la naissance de l'enfant-roi se produit-elle avant ou après sa « reconnaissance » officielle par son père ? Ce type d'interrogation désarme notre logique. Il nous semble évident que le père ne peut reconnaître qu'un enfant venu au monde et présent devant lui. Dans la réalité égyptienne, rien n'est moins sûr ; nos schémas temporels reposent essentiellement sur le phénomène de la succession des événements, sur un « ordre » que nous croyons scientifiquement prouvé. La pensée religieuse de l'ancienne Égypte ne reconnaît pas ce « découpage » qui lui paraît insuffisant pour rendre compte du jaillissement perpétuel du divin. Comme l'écrit Aldred en parlant des « formes » du dieu Amon, « tous ces aspects existaient ensemble dans la même dimension et étaient également présents au même moment » (*Akhenaton*, 155).

La naissance de l'enfant-roi et sa reconnaissance par Dieu se produisent donc dans le même instant et, lorsqu'Amon dit à la déesse-mère « Prends ton fils que tu aimes, il accomplira la fonction royale », il crée une vérité totale, englobante, où naissance et légitimation sont confondues. En d'autres termes, toute naissance « ensemencée » par les dieux et placée sous leur contrôle prend une valeur cosmique ; le fils ressemble au Père « signe par signe ».

Vient alors l'allaitement par les déesses, allaitement qui s'avère indispensable pour affronter le monde manifesté et ses épreuves. Jamais la tradition pharaonique ne considéra ses rois comme de purs esprits ; leur tâche consiste aussi à lutter au cœur même de la matière, au milieu des défauts humains afin de réorienter tout ce qui était dévié. Le symbole de l'allaitement divin, qui s'appuie sur l'un des plus beaux actes d'amour de la création, fait référence au monde d'en haut et au monde d'en bas. Ce lait transmet une immense vertu : la possibilité de rajeunir éternellement. Cette qualité rejoint le thème de l'enfant immortel qui subsiste dans le Roi, quel que soit son âge, enfant qui symbolise l'immortalité dans son aspect le plus régénérateur.

Le trône refleurit, le nouveau Roi sort de l'océan primordial, les pays se tiennent soumis sous ses sandales ; par la grâce de l'Ennéade, il gouverne la terre d'Égypte ainsi que le désert. Pharaon, s'il règne sur un territoire façonné quotidiennement par la main des hommes, est aussi chargé de régir l'existence de la terre inculte et sauvage, du désert menaçant. Nous avons ailleurs insisté sur cette idée. Etant les deux seigneurs en Un, Pharaon ne néglige aucune réalité. Il est l'image vivante du « Souverain Bien » qui recouvre en même temps le bien et le mal, il est tempérance et violence, calme et tempête et, plus encore, il est le troisième terme d'où naissent et vers quoi retournent toutes les dualités du monde apparent.

Au pharaon qui vient de naître, l'Ennéade accorde, une fois de plus, une dimension cosmique particulièrement marquée. Le monarque, en effet, reçoit les dons de douze « génies » mâles, les *ka,* et de douze « génies » femelles, les *hemesout.* De la santé à l'éternité, de la renaissance permanente à l'accomplissement de la personnalité royale, de la victoire sur l'adversité à la joie, les dons eux-mêmes s'effacent devant la plénitude qu'ils évoquent.

Cette responsabilité étant assumée par le Roi, une divinité de première importance entre alors en contact avec lui. Il s'agit du dieu Heka, l'un des dirigeants de la « Maison de Vie » où il inspire les rédacteurs de livres sacrés. La « Magie », dont il possède les clefs, constitue le savoir essentiel du Roi. Ne confondons pas magie et artifice ; Heka enseigne au Pharaon les architectures cachées de la vie, les modes de création les plus secrets. Il lui donne le sens des écritures saintes où la Tradition enregistra les connaissances indispensables à la royauté.

Notation capitale, le Roi est obligé de *voir* Heka, c'est-à-dire, selon la terminologie symbolique de l'ancien égyptien, de le *créer.* Pharaon, par conséquent, ne se contente pas d'enregistrer une « magie » déjà existante, un « savoir » achevé. Il met au monde, par sa propre naissance, un nouvel état d'être pour l'univers entier, une nouvelle approche de la Connaissance. Si, en effet, préexiste un pharaon idéal qui est synthèse de toutes les forces divines, ce modèle est « doublé » d'un pharaon incarné lié à l'époque particulière où il apparaît. En conservant les fondements traditionnels de la civilisation, il les adapte, les modèle sur son temps, et les « ajuste » à la mentalité des hommes de son époque. Le Roi qui se satisferait de la rencontre du dieu Heka ne serait qu'un traditionnaliste vite dépassé par les événements ; au contraire, le pharaon qui crée Heka en se recréant lui-même retrouve la puissance originelle de la Magie et dispose ainsi de l'immense source des « archives de lumière » où il puisera les directives divines.

« Voici que l'Or a enfanté votre fils que vous aimez », déclare Thot à l'Ennéade. Il enregistre ainsi un authentique processus « alchimique », au sens où la substance divine s'est transformée, sous la vigilance des dieux, en un être royal qui les représentera sur la terre. On ne saurait concevoir plus grande mission, sans cesse rappelée par la double couronne qui unit le rouge et le blanc. La déesse Sechat, la maîtresse de la Maison de Vie, assure au Roi de nombreuses années d'éternité. Il ne s'agit pas ici d'une longue durée, mais d'années où l'éternité est incluse, où une qualité intemporelle est gravée. C'est probablement l'une des idées égyptiennes les plus difficiles à percevoir ; dans le déroulement naturel du temps, c'est le cycle qui fait loi. Les saisons reviennent, les activités humaines se modèlent sur leur cours. Les « années d'éternité » du Roi ne répondent pas à ce critère ; elles sont fécondées par une sorte d'instant de grâce permanent qui est la présence divine conçue comme un « éclat » ne durant qu'une seconde et, pourtant, éternel.

A ce propos, les paroles prononcées par Sechat « qui a commencé à écrire des livres parmi les déesses », sont essentielles. « J'ai distingué tes années sur terre comme Rê pour que tu renouvelles ton cycle comme seigneur de l'intemporalité. Je suis entrée dans le sanctuaire de l'engendrement... pour te donner la terre productive et tout ce qui est en elle. J'inscris les années de ton fils en dilatation de cœur. Je lui prescris une royauté jusqu'aux limites du temps. Je suis la Maîtresse de l'écriture, la Maîtresse de Magie, la Maîtresse des déesses. »

Etonnante vision de la réalité ultime où s'harmonisent les notions de royauté, d'éternité, de terre qui engendre, de « cœur dilaté » pour accueillir toutes les expressions de la vie. Sechat, qui symbolise le « pouls » intellectuel de l'Egypte en compagnie de Thot, intronise réellement Pharaon comme Maître spirituel.

Maître spirituel ne signifie pas dispensateur de doctrine. Pharaon n'a rien à nous imposer, il n'a pas de dogmes à défendre. Si certains égyptologues ont regretté l'absence, en Egypte, d'un livre sacré définitif comme la Bible ou le Coran, nous pensons au contraire que l'institution royale aurait été trahie par un tel document. Pharaon, surgi au plus profond du mystère de la naissance divine, est l'Etre qui nous oriente vers le mystère par nature, celui qui ne s'explique pas par des « commandements ». Son propos n'est pas de dévoiler ni de décrire le mystère, mais d'en inculquer le sens, d'introduire en nous le germe de la renaissance. « Par la magie des rites, conclut Daumas, le monde venait de retrouver les forces vives qui avaient permis à l'ordre créateur de prévaloir sur l'indistinction primordiale du chaos ». Ordre créateur, certes, non point système figé ; à la naissance du Roi, c'est le Mystère qui brille de tout son éclat, non l'homme englué dans une explication. C'est la ténèbre lumineuse qu'aucun regard ne peut supporter qui baigne le monde de son rayonnement, un monde où Pharaon, fils de la Lumière, va commencer son Œuvre.

CHAPITRE V

LE TEMPLE ET LA CONSTRUCTION DU SACRE

Paroles prononcées par Pharaon dans sa fonction de Maître d'Œuvre :

« J'ai saisi la pioche,
J'ai empoigné la houe du nord,
J'ai creusé pour toi la terre
Jusqu'à la limite de l'Océan cosmique
Pour parachever ton travail
Pour l'éternité. »

(Voir MONTET P., *Le Rituel de fondation des temples égyptiens,* Kemi, 1964.)

L'homme qui s'agite dans le temple, disaient les sages d'Egypte, est un arbre qui s'étiole dans la solitude et dans la sécheresse. C'est un être qui ne sait pas percevoir la divinité et qui, par conséquent, ne parvient pas à s'épanouir. L'homme calme, en revanche, est semblable à un grand arbre qui offre des fruits merveilleux et répand autour de lui une ombre bienfaisante.

L'homme qui n'a pas le sens du temple est livré à ses passions, devient esclave de ses propres limites. Perdant peu à peu la science intime qui lui permet de goûter la saveur de la vie, il rend son regard imparfait et se rétrécit aux limites de sa propre individualité. Son âme et son corps perdent leur vitalité, il s'embrouille dans de faux problèmes.

Puisque le temple est cette demeure sacrée où nous prendrons conscience de notre nature réelle, comment y accéder ? D'abord, nous apprend Merikarê, en chaussant des sandales blanches. Cet acte rituel nous convie au recueillement et à la purification. Pour pénétrer dans le lieu de la pureté par excellence, nous devons sacrifier en nous ce qui est impur. Nous devons savoir que la terre est aussi sacrée que le ciel et que le moindre de nos gestes peut être accompli en connaissance de cause. Ensuite, nous développerons le désir d'ouvrir les lieux secrets, de partager la lumière cachée du Saint des saints, de manger le pain dans la maison de Dieu.

Le temple, en effet, n'est pas accessible à l'homme profane ou, plus exactement, à l'homme qui rend profane tout ce qu'il touche. Le vaniteux et l'exalté ou « bouillant de cœur » appartiennent à cette catégorie d'individus qui ne veulent pas aborder avec humilité le mystère de la vie et le mystère du temple. « Prophètes, disait-on au collège sacerdotal du temple d'Edfou, grands prêtres purs, chefs des mystères, purificateurs de Dieu, prêtres-lecteurs, administrateurs, tournez vos visages vers ce Temple où sa Majesté vous a placés. Ne faites pas d'initiation inconvenante, ne dites pas de fausses paroles, ne révélez pas ce que vous avez vu dans le mystère du Temple. »

Personne ne peut révéler les ultimes secrets du temple, car ils concernent la communion avec la divinité. Pour y accéder, il faut avoir vécu l'expérience spirituelle découlant d'une longue pratique des rites et des symboles. La faute suprême consiste à procéder à une « initiation inconvenante », c'est-à-dire à recevoir dans l'enceinte sacrée l'être qui n'en a pas le désir et ne souhaite qu'assouvir sa curiosité ou son ambition.

Pour pénétrer dans le temple, il est nécessaire de développer en soi des qualités d'architecte et de bâtisseur. Sur la terre d'Egypte prédomine la volonté de construire, de prolonger toute idée par une création artistique. L'un des plus célèbres Maîtres d'Œuvre de l'Egypte ancienne, Aménhotep fils de Hapou, était précisément initié au livre divin, il avait pris connaissance des « formules » révélées par le dieu Thot et il était devenu expert dans « les secrets de bâtir la demeure de Dieu ».

Le Maître d'œuvre égyptien ne construit pas n'importe quoi et ne bâtit pas ce qu'il a envie de bâtir. Son rôle dépasse un banal désir personnel. Il se conforme au plan divin des origines du monde et respecte la filiation ininterrompue qui lie entre eux tous les Maîtres d'Œuvre. Ainsi, les textes affirment que le temple ptolémaïque de Dendérah a été construit sur un plan remontant à l'âge des pyramides de l'Ancien Empire ; le temple d'Edfou, ptolémaïque lui aussi, serait même dû au vizir Imhotep en personne, ce grand architecte ayant vécu sous le règne de Djeser, pharaon de la IIIe dynastie.

Comment mieux rappeler que les actions créatrices de l'homme sont dues à la pratique de la Tradition, conçue comme la connaissance des lois divines et non comme un ensemble d'us et coutumes ? Aussi le temple est-il le lieu parfait, l'océan céleste qui porte le disque solaire, lequel se lève et se couche en lui chaque jour. C'est par le temple que nous pouvons prendre conscience d'une création qui se joue à chaque instant. Le site d'Hermopolis nous offre des renseignements intéressants sur ce thème. C'est là, nous apprend le grand-prêtre Petosiris, que la lumière est née, c'est là que se trouve le berceau des dieux. Au début, la terre était entourée du Noun, cet océan cosmique composé de toutes les énergies créatrices. Le temple d'Hermopolis symbolisait tous ces mythes ; on l'entourait d'une enceinte pour protéger l'Œuf sacré. Précaution normale, puisque le processus global de la Création est caché dans l'œuf et qu'il faut avoir franchi les épreuves rituelles pour s'en approcher.

Celui qui pénètre dans le temple, proclame-t-on à Edfou, pénètre dans le ciel. Le temple n'est-il pas, au demeurant, « comme le ciel en toutes ses parties ? ». A Medinet-Habou, le roi donna la beauté au temple et l'emplit de monuments afin qu'il brille comme l'horizon du ciel. De tels témoignages montrent clairement que le temple égyptien est un ciel visible sur la terre. Un ciel générateur, puisque le temple de Gournah personnifié adresse à Pharaon ces extraordinaires paroles :

« Je suis ta demeure et ta mère. » Quand le Roi se lève comme un soleil à l'horizon oriental du ciel, le temple resplendit comme de l'or face à lui.

La construction du temple permet d'atteindre deux objectifs : d'abord la sacralisation de l'espace, ensuite la sanctification du temps. Par l'architecture, le Maître d'Œuvre fait surgir la lumière à partir d'une matière apparemment inanimée. Il isole une partie de la terre pour y implanter l'édifice et concentre en ce lieu un ensemble de symboles. Par la liturgie qui s'exerce dans le temple, le temps lui-même devient une valeur sacrale. Chaque rite est accompli au présent et pour l'éternité.

Aussi le temple était-il considéré comme un corps de lumière, un horizon lumineux qui ne fuyait plus à l'approche de l'homme. Il était véritablement un « niveau » perpétuellement stable qui nous incitait à bâtir notre existence comme les dieux avaient bâti l'humanité. Le *papyrus Insinger* ne précise-t-il pas : « Le grand temple tombe dans la perte si ses dimensions sont en désaccord ? » Il s'agit là des proportions harmoniques que les architectes médiévaux résumeront par « Proportion musicale » et les architectes du XVIe siècle par « Divine proportion ». Non pas la symétrie froide et figée, mais l'asymétrie dynamique qui fait du temple un être vivant où sont inscrites les lois de la croissance universelle. En conséquence, l'écrivain arabe Maçoudi proclamait avec juste raison que les anciens temples contenaient le secret des minéraux, des végétaux, des plantes, des animaux et de tout ce qui existe. Sans nul doute, les édifices sacrés des Egyptiens sont des « sommes » symboliques qui nous proposent des clefs pour comprendre le monde extérieur et le monde intérieur. En reprenant une phrase de Coomaraswamy, on pourrait même affirmer qu'ils sont la seule représentation possible de l' « Ultime réalité » que cherche à connaître la conscience humaine. La beauté des temples, leur profonde poésie, le sentiment de fraternité qu'ils nous inspirent sont des conséquences naturelles de leur rigueur symbolique.

Tout s'éclaire dès l'instant où nous comprenons que le temple égyptien n'a aucun point commun avec des édifices comme le Sacré-Cœur ou la Madeleine. Il n'est pas, en effet, un monument isolé dans la ville et livré à l'intérêt des touristes. Le temple est le cœur vivant de la cité, il est même le principe symbolique sans lequel la cité n'existerait pas. En Egypte, les maisons individuelles étaient faites de briques, matériau très périssable, afin que chaque génération construise sa propre demeure et soit consciente qu'elle était liée à une époque particulière. Les temples, en revanche, étaient faits de pierre d'éternité pour traverser les siècles et transmettre un message d'immortalité.

Notre vie est le chemin de Dieu. La plupart du temps, nous marchons en Dieu sans le savoir et nous le recherchons pourtant au-dehors, très loin de nous. La ville égyptienne était une image de ce labyrinthe interne, elle portait en son sein le « chemin de Dieu » qui mène au temple. A travers les quartiers et les ruelles où règnent les bruits du monde, on découvre peu à peu la sérénité qui rayonne à partir de l'édifice sacré.

Quelle que soit notre vérité, nous ne serons pas en contradiction avec le temple si nous sommes capables d'entendre la vérité d'autrui. Le Maître d'Œuvre chargé de construire un nouveau temple « réemployait » les éléments essentiels de l'ancien édifice afin d'assurer une continuité et d'intégrer toutes les « visions » antérieures de l'art sacré. C'est l'une des forces majeures de l'ancienne civilisation égyptienne : ne rien abandonner, ne rien refuser mais se fonder sur les expériences antérieures pour aller de l'avant.

Dans les fondations sont placés des symboles comme l'équerre, le niveau ou des pierres précieuses. Ces symboles ne sont pas destinés à être vus par les hommes mais assurent la stabilité spirituelle de l'édifice qui repose tout entier sur des fonctions créatrices. Comment ne pas évoquer le *benben*, cette pierre sacrée d'Héliopolis de forme triangulaire où se posait le phénix ? Le *benben* était un rayon de lumière corporisé et, de la sorte, apparaissait éternellement aux hommes. Cette pierre de fondation rappelait également le premier matin de la création et symbolisait le rayon de lumière par lequel le Roi montait jusqu'au ciel.

Devant le temple se dressent les obélisques dont le rôle est de percer les tempêtes dans le ciel ; ces deux aiguilles gigantesques, qui symbolisent les déesses Isis et Nephtys ainsi que les montagnes de Manou et de Bakhou, dispersent les tempêtes et dissipent les perturbations éventuelles qui nuiraient à l'harmonie du temple.

Sortant des murs, les lions gargouilles dressent une garde vigilante. Ils barrent la route au vaniteux, au « froid de cœur » et au « bouillant de cœur ». Toujours éveillés, les lions gardiens du seuil ne relâchent jamais leur vigilance. Ils imposent une épreuve sévère à celui qui désire entrer dans l'enceinte sacrée, exigeant de lui une totale sincérité.

Autour du temple sont disposés des jardins où poussent de nombreux arbres. Ils sont symboliquement alimentés par l'eau céleste, et l'on y cultive des plantes rares et précieuses qui serviront à la fabrication de parfums et de remèdes. On peut y voir la figuration d'une sorte de paradis terrestre où l'homme apprend à discerner les « essences » de cette vie dans toute leur pureté. On peut d'ailleurs associer les jardins du lac sacré, véritable réservoir d'énergie cosmique dans lequel les responsables de l'existence quotidienne du temple se purifient chaque matin. Le lac sacré contenant le Noun, l'Océan des origines, le prêtre qui entre en contact avec lui quitte son individualité limitée pour acquérir une personnalité sacrale.

Dès que nous entrons dans le temple, nous nous apercevons que le sol monte et que le plafond descend. Ces deux lignes asymétriques convergent donc vers un point unique que l'initié découvrira, après bien des années d'étude, au sein du naos. Le monde des parallèles et de la symétrie n'existe plus dans le temple, car il n'était que le reflet de l'apparence. Il est remplacé par le mouvement des pierres vivantes et de la pensée intuitive. A l'intérieur de l'édifice sacré, l'homme voit un sol qui symbolise la terre noire et féconde, des colonnes florales qui figurent la puissance créatrice du « dieu vert », Osiris, un plafond où l'on a représenté un ciel semé d'étoiles d'or. Il contient les dieux, les signes astrologiques, les barques divines et le disque ailé du soleil qui illumine tous les états de la matière.

A chaque moment, l'Egyptien est confronté au caractère cosmique de l'édifice. Les éléments de l'architecture manifestent la présence divine, ils incitent l'homme religieux à découvrir le caché sous l'apparent. Le temple n'est-il pas conçu, d'ailleurs, comme une succession d'étapes s'ouvrant sur la conscience ?

D'abord, nous entrons dans une grande cour où le soleil joue librement. Elle est ouverte à un grand nombre de personnes, prêtres, scribes, administrateurs. Il y règne une certaine animation et, si le climat profane de l'extérieur a déjà disparu, ce n'est pas encore le calme profond de la salle hypostyle où la lumière est moindre. Là ne pénètrent que les « purifiés » qui cherchent à comprendre le sens profond des hiéroglyphes. Les colonnes des salles hypostyles portent des textes sacrés que des hommes mûris par l'expérience des rites scrutent avec la plus grande rigueur. Le temple s'achève par le naos obscur, le saint des saints où siège la présence divine environnée de mystère. Seul le Roi accède au naos. Symboliquement, il nous convie à recréer consciemment la royauté qui existe virtuellement en chaque homme.

Pourquoi le temple existe-t-il ? Pour que la société des hommes vive en harmonie, répond l'ancienne Egypte ; sans le temple, les hommes sont condamnés à subsister selon leur bon plaisir et négligent fatalement ce qui est essentiel à leur vie intérieure. A Karnak, dans une brique de la porte nord de l'enceinte d'Amon, on a découvert un signe hiéroglyphique en cuivre qui se traduit par « Régir, gouverner ». Tel est bien le rôle primordial du temple : régir la conduite de l'humanité, c'est-à-dire lui offrir le sens de la royauté, la gouverner afin de lui donner une base immuable sur laquelle peuvent être construits les plus beaux édifices de l'esprit, de l'âme et du corps.

Il est aussi un aspect « technique » que l'on ne doit pas omettre : comme l'ont montré Serge Sauneron et Philippe Derchain, le temple égyptien était une sorte d'usine atomique destiné au maintien de la Création, une centrale d'énergie spirituelle où travaillait un petit nombre de savants très qualifiés. Ils assuraient la libre circulation de l'esprit en appliquant sur la terre les lois du monde céleste.

Quelles qualités exigeait-on de ces spécialistes ? D'abord une attention constante au divin, ensuite une grande rigueur dans l'expression des rituels et des textes sacrés, enfin un désir constant de pureté. L'Egypte des temples bannit les compromissions et les compromis faciles ; elle reconnaît que l'homme isolé est un minuscule transformateur d'énergie et que, pour faire vraiment « circuler » le potentiel dispensé par les dieux, il faut disposer d'un immense transformateur, le temple. Ce dernier se présente donc comme une formidable concentration de forces divines entretenues par des savants de l'esprit qui excluent l'amateurisme.

Ces quelques notions méritent une illustration. Nous la trouverons dans un récit de fondation particulièrement remarquable (1) en raison de ses dimensions symboliques.

« Le troisième jour du troisième mois de la saison de l'inondation, dit ce texte, sous le règne du Roi de Haute et de Basse Egypte « Que-le-Ba-de-Lumière-accomplisse-ses-mutations », le fils de la Lumière, Sesostris, au Verbe juste, qui vit pour l'éternité. Le Roi apparut, porteur de la double couronne, et il arriva que le Un prit place dans la salle du conseil, et que le Un demanda conseil à ses fidèles, les Compagnons du palais et les magistrats, dans la place du secret. Le Un dirigea, ils écoutaient. Le Un demanda conseil, et fit qu'ils révèlent leur pensée. « Voyez, ma majesté décrète l'Œuvre et songe à un don pour le temps à venir afin que j'érige un monument et des décrets durables pour le dieu Harakhti. Il m'a construit afin de faire pour lui ce qui doit être fait, et d'accomplir ce qu'il m'a ordonné d'accomplir. Il a fait de moi le berger de cette terre, car il savait que je la maintiendrais en harmonie pour lui. Il a placé sur moi ce qu'il protège, et ce qu'illumine l'œil qui est en lui. Tout est

(1) Pour ce texte, connu sous l'appellation de *Berlin Leather Roll*, cf. Lichtheim, *Ancient Egyptian Literature*, I, 116 sq.

accompli en accord avec son désir... Je suis un Roi qu'il a amené à l'Etre, un souverain... J'étais déjà un conquérant alors que je n'étais qu'un jeune oiseau, j'étais grand bien que je fusse dans l'œuf... Il m'a rendu immense, afin que je sois le Maître des Deux-Moitiés, alors que j'étais enfant, avant d'être délivré de l'emmaillotement. Il m'a institué en tant que seigneur du peuple, m'a créé... à la vue de l'humanité et m'a parfait pour être l'habitant du palais, alors que je n'étais pas né, avant que je ne vienne d'entre les cuisses. Il m'a donné (la terre) dans sa longueur et dans sa largeur, et je suis élevé pour être un « S'il-est-il-conquiert ». Il m'a donné la terre et je suis son seigneur. Ma puissance atteint la hauteur des cieux.

C'est juste de travailler pour lui ce qu'il m'a donné, et de contenter Dieu avec ce qu'il a donné. Je suis comme son fils et son protecteur ; il m'a ordonné de conquérir ce qu'il a conquis. Je suis le gardien du Temple, Horus... J'établis les offrandes alimentaires des dieux, et accomplis l'Œuvre pour mon Père Atoum dans la grande salle.

Je fais en sorte qu'il la possède, aussi large qu'il m'a ordonné de (la) conquérir. J'approvisionne son autel sur terre. Je conduis ma maison dans son voisinage. Ainsi, on se rappellera de ma Beauté dans sa maison ; mon nom sera la pierre-*benben,* et le lac mon mémorial. C'est obtenir l'éternité, si l'on fait pour lui ce qui est harmonieux...

Et les chambellans du Roi parlèrent et demandèrent devant leur Dieu : « Le Verbe est dans ta bouche, l'Intuition est en toi. O souverain, ton dessein vient à passer. O Roi, qui es apparu comme Principe unitaire des deux terres, afin de... en ton temple. Il est excellent de diriger le regard vers demain... L'humanité n'accomplirait rien sans toi, car ta majesté est l'œil de tous les hommes. Tu es grand quand tu établis ton monument dans la ville de lumière, le siège des dieux, devant ton Père, le seigneur de la grande salle, Atoum, le taureau de l'Ennéade.

Erige ta maison, donne-lui la Pierre de sacrifice, qu'elle serve à la statue... pour toute éternité. »

Le Roi lui-même dit au chancelier et au premier chambellan,

grand intendant des deux maisons de l'Or et de l'Argent, lui qui est au-dessus des mystères de deux serpents-diadèmes : « Ce sera ton conseil qui fera que l'Œuvre soit accomplie... La venue à la réalité de ce que désire en conscience ma majesté. Tu en seras le dirigeant, un qui agira en harmonie avec ce qui est dans mon cœur, vigilant pour que cela se réalise sans retard, et que Toute l'œuvre appartienne à cela... Ceux qui œuvrent sont dirigés pour l'Œuvre selon ce que tu ordonnes. »

Le Roi apparut porteur du diadème et des deux plumes, tout le peuple l'accompagnant. Le ritualiste et le scribe du livre divin tirèrent le trait et accomplirent les cérémonies de fondation.

Puis sa majesté fit que le scribe royal des Annales aille devant le peuple qui se tenait dans l'Unité, au-delà de la Haute et de la Basse Egypte ».

Ainsi parle le texte qui unit très étroitement royauté et construction du temple. Lorsque le Un, symbolisé par le monarque, apparaît sur le trône, il réunit les « deux moitiés » et devient Maître d'Œuvre pour construire un lieu saint qui maintiendra son peuple sur le chemin de l'unité.

A ce récit si riche d'enseignements, on pourrait peut-être ajouter une image ; lorsque le vent du matin faisait frissonner l'eau du lac sacré, au soleil levant, le souffle de vie donnait de nouveau naissance au monde et l'homme d'Egypte s'éveillait à sa réalité immortelle.

CHAPITRE VI

LE JAILLISSEMENT DES DIEUX

> « Le soleil ailé auguste montre sa tête au matin. Il sort du Noun (l'Océan cosmique) pour aller vers le ciel. Il se hausse vers les hauteurs célestes sur le bras des deux sœurs. Il plane dans le ciel lointain tandis que s'éclaire la terre. Comme il parcourt le ciel et qu'il traverse la voûte céleste, ses deux yeux sont fixés sur sa statue de culte. Son ba vivant est venu du ciel et se pose sur sa statue de culte chaque jour. »
>
> Texte d'Edfou traduit par F. DAUMAS, in *Les Mammisis des temples égyptiens*, p. 288.

Une civilisation se définit par la valeur créatrice qu'elle considère comme essentielle, valeur d'où découlent toutes les formes de pensée et de société. Au Moyen Age, par exemple, le maître-mot créateur était « Jésus-Christ », que ce dernier fût considéré comme le Maître d'Œuvre des cathédrales, le Roi des rois s'incarnant dans le monarque ou le dieu auquel les croyants accordaient confiance. A l'époque moderne, le principe « créateur » n'est plus recherché ni dans la religion ni dans le symbolisme. Nous adorons plutôt le dieu « économie » et sa parèdre, « l'économie politique », à savoir les facteurs les plus périssables et les plus inhumains qui soient. Les crimes les plus abjects sont justifiables s'ils sont commis en leur nom. Le Moyen Age ne s'est définitivement éteint que dans les premières années du XVIe siècle ; dans le temps, il semble donc très proche de nous mais, en réalité, nous éprouvons la plus grande difficulté à percevoir sa raison de vivre. Dans de telles conditions, il est indispensable, pour aller vers le cœur de la civilisation égyptienne, d'oublier tous les critères habituels à nos sociétés. Pour l'Egypte, la référence fondamentale est le jaillissement perpétuel du divin. Lorsque les hommes prennent conscience du sacré qui émane à chaque instant de ce jaillissement, ils ne subissent plus leur existence mais construisent une réelle royauté.

Les dieux, selon l'expression de Derchain, sont des émergences multiples, des points de concentration de l'énergie universelle. Imaginons l'univers comme un océan d'énergie illimité ; chaque parcelle vivante baigne dans cet océan mais, dans sa solitude, elle ne peut pas prendre une réelle consistance. Chaque dieu, rassemblant en lui des énergies diverses, peut sortir de l'Universel et le rendre tangible. Autant dire que les dieux et les déesses sont autant de voies offertes à l'homme pour accéder à l'Unité. Le temple, quant à lui, rassemble les innombrables énergies divines et les rend cohérentes. Aussi les prêtres sont-ils chargés de maintenir l'harmonie divine, de transformer l'esprit en matière sacralisée et de spiritualiser la matière (1).

C'est pourquoi toutes les richesses doivent être apportées au temple. Elle sont alors sanctifiées et purifiées par l'action divine, de sorte qu'elles soient ensuite redistribuées aux hommes selon la Justesse. Le potentat, qu'il soit un individu ou une collectivité, ne sait pas user des richesses parce qu'il n'a aucun contact avec les dieux. Les hommes du temple, pratiquant la communion avec le divin d'une manière permanente, ne recherchent plus un profit personnel mais une harmonisation de la société de leur époque. Le temple, lieu privilégié où se révèle la puissance divine, est la seule institution qui échappe à l'emprise individuelle et à ses travers inévitables.

---

(1) Cf. Derchain, *Pap. Salt*, p. 11.

Lorsque les dieux jaillissent, le temps n'existe plus. Ce que nous appelons le passé et le futur ne sont que des illusions commodes pour échapper au présent de la conscience; comme le remarque Paul Barguet, il n'y a aucune notion de temps dans les textes religieux égyptiens, « chaque action, écrit-il, se répétant éternellement a été, est et sera sans cesse » (2) Cette constatation est importante; elle nous fait entrevoir ce précepte fondamental de la pensée égyptienne selon lequel le divin s'incarne dans l'instant. Dieu ne s'insinue pas avec douceur dans l'âme humaine, mais la frappe comme un violent rayon de lumière. C'est Pharaon, fils et maître des dieux, qui le fait naître.

Trois sont tous les dieux, trois cités éclairent la terre d'Egypte : Héliopolis, Memphis et Thèbes. Pourquoi ce nombre Trois, dont la valeur sacrée est fréquemment attestée dans les textes égyptiens, sinon pour mettre en évidence la fonction « ternaire » de la pensée ? L'homme esclave de sa vie ne raisonne qu'en termes de dualité, opposant sans cesse le bien et le mal, les lumières et les ténèbres, ce qui lui est favorable et ce qui lui est défavorable. Il se situe en dehors du mouvement vital qui repose sur le Nombre Trois, sur la conciliation des contraires. Les ancêtres sont définis comme « ceux qui savent écouter les dieux » parce qu'ils ne se limitent pas à la condition humaine; sans cesse, ils recherchent cette « étincelle divine » qui sommeille au tréfonds de chacun d'entre nous. Les ancêtres savent que nous devons résoudre les oppositions et découvrir le troisième terme créateur qui nous délivrera des contingences d'un temps particulier.

Les ancêtres sont également ceux qui sont devant. Ils ne nous enseignent pas la vénération du passé, mais nous entraînent à regarder la vie face à face, à découvrir dans chacune de ses manifestations l'élément intemporel qui nous confère notre véritable dignité.

Quels sont nos moyens d'investigation devant l'énigme

---

(2) *Livre des Morts*, 25, note 48.

posée par les dieux ? Certes, nous reconnaissons qu'ils créent le monde à chaque instant, et nous essayons aussitôt de percevoir leur mode de création. A cette interrogation répondent les légendes et, plus précisément, les cosmogonies.

Les Egyptiens, comme les Chinois et les Hindous, ont eu la sagesse de ne pas composer un « livre sacré » définitif et dogmatique ; ils nous proposent plusieurs solutions, plusieurs cosmogonies capables de « parler » aux esprits les plus divers. Contrairement à l'opinion de certains analystes, ces modes de création du monde ne sont pas contradictoires ; ils sont autant d'approches de l' « Ultime vérité » et c'est précisément leur diversité qui peut en donner l'image la plus exacte. L'enseignement pharaonique ne pratiquant pas l'excommunication des hommes et des pensées, refusant de nous enfermer dans une affirmation définitive, nous invite à connaître la permanence dans l'impermanence.

La cosmologie d'Héliopolis nous apprend qu'avant la naissance de toute chose existait un Océan d'énergie immobile, obscur et froid. Soudain se produisit une vibration et cette dernière prit le nom d'Atoum. Atoum, dont le nom égyptien signifie à la fois « Celui qui est » et « Celui qui n'est pas », se créa lui-même par un acte incompréhensible pour l'esprit humain. S'étant éveillé dans l'Océan d'énergie, il décida de continuer à créer ; par crachat ou par masturbation, selon les versions, il engendra un couple divin, Shou et Tefnout. Le premier règne sur le principe du Sec, et la seconde sur celui de l'Humidité. Notons au passage que les alchimistes ont repris cette symbolique pour procéder à la Création du Grand Œuvre.

Shou et Tefnout, qui deviendront le couple de lions gardiens de l'univers, engendrent un autre couple, le dieu de la terre, Geb et la déesse du ciel, Nout. A ce stade, le ciel et la terre sont étroitement unis et ne permettent pas l'apparition de l'humanité. Shou, constatant le fait, sépare le ciel de la terre. Geb reste étendu, Nout se dresse au-dessus de lui en formant un arc de cercle avec son corps. Le ciel et la terre s'unissent, donnant naissance à deux nouveaux couples, Osiris et Isis, Seth et Nephtys. La Création est alors complète.

Cette cosmogonie héliopolitaine « met en place » les grands dieux qui régissent la vie de l'Egypte. Atoum se manifeste comme le garant de l'Unité increéée, Shou et Tefnout assurent les conditions de la vie dans le cosmos, Geb et Nout sont les forces organisatrices de notre monde et leurs quatre enfants entretiennent la vitalité des humains. Horus et Seth, par exemple, sont tantôt complémentaires, tantôt antagonistes ; antagonistes, ils se livrent un perpétuel combat que les dieux sont obligés d'arbitrer. Complémentaires, ils joignent lumière et puissance afin de dissiper tout obstacle néfaste à l'évolution humaine.

Les dieux que nous venons d'évoquer forment la « Grande Ennéade ». Ce Nombre neuf est à la fois celui de la création originelle et celui de la rédemption ; qui retrouve le message des neuf divinités devient un Homme total, un Homme aux dimensions de l'univers.

Pour la cosmologie memphite, le premier Dieu est Ptah, nommé *ta-tenen,* c'est-à-dire « terre qui se soulève » ou, selon d'autres traductions, « terre émergée ». Ptah se crée lui-même et, pour manifester la vie, engendre huit formes de lui-même dont les principales sont Atoum, qui est sa pensée, Horus, qui est son cœur, Thot qui est sa langue. L'accent est mis sur le Verbe, le démiurge constituant peu à peu le monde par sa voix.

Pour la cosmologie hermopolitaine, c'est Thot qui s'éveille lui-même dans le chaos des origines. Par la voix, il appelle à l'existence une ogdoade composée de quatre grenouilles mâles et de quatre serpents femelles. Les noms de ces entités divines sont « Nuit », « Ténèbres », « Mystère », « Eternité ». L'ogdoade s'installe sur un tertre et remplit sa fonction essentielle : mettre au monde un œuf d'où sortira le soleil destiné à organiser le monde.

La cosmologie thébaine nous parle d'abord de l'Océan primordial où sommeille Amon. Lorsque celui-ci s'éveille, il pose le pied sur un fond qui deviendra la ville de Thèbes. La conscience divine étant apparue, Amon fait émerger le terrain sur lequel il s'appuyait et lui donne consistance. Il le dessèche pour le manifester et créé alors une ogdoade. Dans certaines versions, il apparaît comme un soleil sortant du lotus. Cette dernière notation est d'ailleurs liée à un mythe selon lequel un bouton de lotus aurait épanoui sa corolle au-dessus de l'océan cosmique, à l'origine de la vie. Sur cette corolle était apparu l'enfant Soleil ; celui-ci pleura, et de ses larmes naquirent les hommes, les mots « larme » et « homme » étant construits sur la même racine dans la langue hiéroglyphique.

On pourrait évoquer encore d'autres cosmogonies, d'autres légendes. Un *hymne à Ptah* mérite d'être rappelé en raison de sa précision symbolique :

« Salut à toi,
En présence de ton collège de dieux primordiaux,
Que tu as faits après t'être manifesté comme Dieu,
O corps qui a modelé son propre corps,
Quand le ciel n'existait pas,
Quand la terre n'existait pas,
Quand le flot en crue ne montait pas.
Tu as noué la terre,
Tu as réuni la chair,
Tu as donné le Nombre à tes membres.
Tu es dans l'état du Un,
Nul père ne t'engendre lors de ta manifestation,
Nulle mère ne t'enfante... » (3).

Si la mentalité rationnelle se perd dans ces récits de la Création, la pensée intuitive y trouve un aliment incomparable. Dès que l'on croit connaître le processus de la création grâce à l'exposé particulier d'un collège de prêtres, on en découvre un autre. Aucun n'est totalement vrai, aucun n'est

---

(3) Voir S. Sauneron et J. Yoyotte, in *La naissance du monde*, p. 65.

totalement faux. A chacun d'éprouver intérieurement ces systèmes de Genèse pour en extraire la « substantifique moelle » et agrandir sa vision du monde.

Il n'est pas dans notre propos d'interpréter les modes de création, interprétation qui nécessiterait un ouvrage entier pour être cohérente. Nous voulions simplement y faire allusion pour montrer le rôle premier des dieux d'Egypte, à savoir celui d'agents du Principe créateur et d'organisateurs de la vie.

La spiritualité pharaonique est une et multiple ; une, parce que tous ses efforts tendent à la manifestation du Un ; multiple, parce qu'elle estime que la religion est un ensemble de liens libérateurs qui unissent les hommes. A côté de l'unicité divine se développe le symbolisme de l'androgynat divin appliqué à de grandes divinités créatrices comme Ptah qui est « Père des pères de tous les dieux » mais aussi la Mère qui donne naissance aux divinités. Le cas d'Opet, déesse à qui l'on dédia un temple dans l'enceinte de Karnak, est plus subtil ; elle enfanta les dieux et engendra la lumière dans Thèbes, le terme technique employé pour « engendrer » s'appliquant normalement aux mâles. Cette précision capitale du langage prouve le caractère « bisexué » du principe divin nommé Opet (*BiAe* XIII, 159-160). Rochemonteix définit Opet comme un récipient qui reçoit des germes fécondants ; devenant elle-même ce germe, elle assume un rôle de fécondateur et se présente comme une force créatrice s'engendrant elle-même.

Le Nil, manifestation terrestre du grand fleuve céleste qui entretient la vie des étoiles, est moitié homme, moitié femme. L'eau est un élément masculin, la terre irrigable est l'élément féminin. Unis, ils symbolisent le Père et la Mère de toutes choses (4). Un texte du temple ptolémaïque d'Esna approfondit encore la notion d'androgynat :

---

(4) Cf. Erichsen et Schott, *Fragmente memphitischer Theologie in demotischer Schrift*, 1954.

« Tu es la maîtresse de Saïs ;
Tanen, dont les deux tiers sont masculins
Et un tiers féminin ;
Déesse initiale mystérieuse et grande
Qui commença d'être au début
Et inaugura (?) toute chose ». (*Mélanges Mariette,* 240-2.)

Cette fois, l'androgynat est considéré comme une proportion harmonique entre le masculin et le féminin qui ne sont pas assimilés au « plus » et au « moins » mais évoquent deux forces créatrices complémentaires. Et cet enseignement égyptien se retrouve dans l'ésotérisme des écrits hermétiques où l'on nous parle de l'Intelligence suprême, le *Nous* mâle et femelle. Vivre l'androgynat, c'est-à-dire percevoir les qualités « émettrices » et « réceptrices » de toute particule vivante, situe l'homme comme un troisième terme, comme un « façonneur » d'harmonie.

Divinisation de l'Homme communautaire et Harmonie sont, certes, des termes-clefs pour la compréhension de la pensée égyptienne. On les percevra mieux, nous semble-t-il, en esquissant la symbolique de quelques divinités égyptiennes, notamment Atoum et Amon. Atoum est le dieu essentiel de la plus ancienne religion égyptienne qui est admirablement exposée dans les *Textes des Pyramides* ; Amon, peu important pendant l'Ancien Empire, devint le grand dieu d'Etat au Nouvel Empire.

Atoum, Père de tous les dieux, revêt des formes aussi diverses que l'anguille, le lézard ou l'ichneumon. Seul dans l'abîme avant la naissance du temps et de l'espace, il crée la chaîne des œuvres et donne naissance au principe « Frère » et au principe « Sœur » pour que tous les éléments créés soient indissolublement liés entre eux. Défini par « ce qui est », Atoum préside, par son nom même, aux idées de totalité et de plénitude. Il nous convie à faire de notre existence une œuvre cohérente, achevée. Défini comme « ce qui n'est pas » ou comme « ce qui n'est pas encore », il nous incite à accepter la part d'ombre et de mystère où les forces vivifiantes existent à l'état potentiel et non manifesté. Dès que nous aurons réellement acquis la Connaissance de quelque chose, nous constaterons que notre Ignorance s'est accrue ; cela ne doit pas aboutir à des conséquences pessimistes mais à une volonté toujours plus chaleureuse de pénétrer dans les ténèbres pour y découvrir la lumière cachée. Comment ne pas évoquer la « Docte ignorance » de Nicolas de Cues ou la théologie négative de Denys l'Aréopagite pour lesquels l'absence de la volonté de connaître est péché mortel alors que l'ignorance consciente est un magnifique dynamisme de l'esprit ?

« Salut à toi, Atoum, proclame le chapitre 79 du *Livre des Morts,* toi qui es créateur du ciel, façonneur de ce qui existe, toi qui sors de la terre, toi qui produis les semences, maître de ce qui est, toi qui mets au monde les dieux, grand dieu venu à l'existence de lui-même, maître de la vie, toi qui fais prospérer les humains. » C'est Atoum qui crée les forces spirituelles qui forment la substance intime de la lumière ; c'est lui qui donne la beauté à la forme, c'est lui qui différencie le visage des forces divines qui proviennent de la racine de son œil (*LdM,* ch. 78).

Lorsque le soleil brille à l'orient du ciel, Atoum se dresse sur le devant de l'horizon. Il est cette clarté de l'instant qui nous est accessible si nous disposons des qualités spirituelles symbolisées par les dieux composant l'équipage de sa barque céleste ; ces qualités sont Sia, l'intuition des causes, Hou, le sens du Verbe créateur, et Thot, l'intelligence constructive.

Pour mener à bien sa création de tout instant, Atoum utilise l'intelligence qui a son siège dans le cœur-conscience de l'homme et se traduit par la force divine nommée Horus ; c'est l'élément-moteur qui est nourri par la volonté siégeant dans la langue et se traduisant par Thot. Aussi Atoum est-il représenté de la manière la plus exacte par Pharaon en personne qui exerce sur la terre le ministère du ciel ; chaque jour, le Roi prolonge l'œuvre d'Atoum en dégageant de toute matière les éléments immortels. A l'Ancien Empire, la liaison entre le Roi et le Principe est particulièrement bien illustrée par la forme du tombeau royal nommé « mastaba », sorte de butte de terre rappellant la colline primordiale qui servit de point d'appui pour engendrer la vie. Le mastaba est aussi un escalier vers le ciel, symbole également magnifié par les pyramides. (*Cf. JNES* 15, 180-3.)

Quant à Amon, dont le nom signifie « le caché », on ne peut en dessiner l'image. Il n'y avait pas de père pour l'engendrer, pas de mère pour lui donner un nom ; existant avant toutes choses, il a extrait du chaos primordial les forces informes qui s'y trouvaient à l'état abstrait. L'image d'Amon n'est dans aucun livre ; il est trop mystérieux pour être dévoilé, trop grand pour qu'on ait sur lui une opinion juste. Ce qui est dans le ciel et sur la terre lui appartient, il est celui qui demeure en toutes choses, il est le Maître des dieux et des hommes (*ZAS* 42, 1905).

Etant l'Unique demeurant dans son unité, il dispose cependant de facultés nombreuses qui sont autant de modes de création. C'est lui qui modèle les deux terres, qui manifeste l'harmonie cosmique dans sa ville de Thèbes où sont érigés les temples de Karnak et de Louxor. Il aime sa cité dans « toutes ses puissances incarnatrices, dans toutes ses transformations, dans tous ses noms » (*RT* 1910, 62-9).

Selon le *papyrus de Leyde*, la connaissance intuitive est le cœur d'Amon, le Verbe est ses lèvres. Si son nom, à savoir sa nature réelle, demeure caché aux hommes, on peut le connaître par Rê qui symbolise son visage et par Ptah qui symbolise son corps. « L'ogdoade, dit un hymne à Amon, fut ta manifestation première, jusqu'à ce que tu aies parfait ton Nombre, étant l'Un. Ton corps est caché parmi ceux des anciens, tu t'es caché en tant qu'Amon à la tête des dieux. » (*Hymne à Amon*, III, 26.)

Malgré sa nature mystérieuse qui est le fondement métaphysique de l'humilité humaine, Amon apparaît sous la forme d'un Horus de l'orient en faveur duquel le désert a produit l'or, l'argent et le lapis-lazuli, trois métaux symboliques qui illustrent les concepts de spiritualisation, de pureté et d'universalisation. Amon est aussi le taureau d'Héliopolis qui resplendit dans la maison de la pierre primordiale. Il s'affirme également comme le « berger de la vérité » qui résiste aux vents et comme le sage pilote qui sait éviter les bancs de sable. Ce père nourricier de l'humanité échappe donc complètement aux contingences naturelles et humaines, sa réalité ne saurait être altérée par quelque bouleversement que ce soit.

Ces lignes très brèves sur deux divinités aussi fondamentales qu'Atoum et Amon avaient simplement pour but de montrer l'extraordinaire richesse de la pensée symbolique de l'Egypte ancienne. Chaque qualificatif des dieux, chacune de leurs actions mériteraient de longs commentaires pour nous permettre d'agir à leur image et selon les lois intemporelles qu'ils incarnent. Au début de son ouvrage intitulé *La Religion des Egyptiens*, p. 17, l'égyptologue Erman, considéré comme un spécialiste de la question, écrit cette phrase : « Une chose rend malaisée notre juste appréciation de la religion égyptienne : elle entraîne derrière elle, du moins dans sa forme officielle, toutes les sottises de ses débuts ; on ne peut vraiment demander à personne de s'enthousiasmer pour une telle barbarie. » Cette opinion a été reprise, sous des formes plus nuancées, par maints érudits ; elle n'a pas manqué d'influencer leurs travaux et de leur apporter une base apparemment sûre : la religion égyptienne est une forme très ancienne de l'esprit humain, une forme primitive totalement dépassée que l'on doit analyser du haut de notre supériorité intellectuelle. Nous estimons que cet a priori ne repose que sur la vanité de la mentalité contemporaine qui, pourtant, se révèle souvent d'une grande faiblesse face aux enseignements symboliques des anciennes civilisations. Les conceptions que les Egyptiens avaient de leurs divinités, et que nous avons trop rapidement évoquées, suffisent à prouver leurs étonnantes capacités spirituelles et la puissance de leur construction symbolique.

Arc-boutée sur de rigoureuses perceptions du divin, la civilisation égyptienne procède à la sacralisation de toutes les modalités naturelles que nous rencontrons dans notre existence quotidienne. La nature, authentique parole du Créateur, est un ensemble de dynamismes qui reçoivent des noms de divinités pour que les hommes soient toujours sensibles au caractère céleste de leur plus modeste activité terrestre. Osiris, dans l'un de ses aspects, est le dieu qui mit la première semence dans la terre vierge, celui qui offrit aux hommes le vin de la sagesse et leur enseigna l'art de la musique et de la danse. De là procéderont les rites agraires, les rituels de l'ivresse divine, la musique et les danses sacrées. Isis, la grande nourricière qui ressuscita Osiris d'un battement d'ailes après avoir reconstitué son corps dispersé, symbolise la Nature éternellement apte à toute génération. Elle est la déesse aux noms innombrables, celle qui contient toutes les potentialités, la Mère universelle qui dispense les bienfaits du ciel.

La lumière de l'Orient est constamment présente ici-bas grâce au dieu Soped dont la tête est surmontée par un triangle lumineux, première forme géométrique possible qui rend compte à la fois de l'essence du divin et de la matière dans sa plus grande pureté.

La prairie est la déesse Sehet que l'on aborde avec le plus grand respect, d'autant plus qu'elle est protégée par Renenoutet, la déesse-serpent des moissons qui règne aussi sur la pyramide naturelle dominant la vallée des rois. Nepri, le dieu du grain, enseigne les cycles de la mort apparente et de la renaissance, le « Maître de Hebenou » divinise la chasse qui, outre son aspect matériel, consiste aussi à mettre de l'ordre dans le chaos. Les divinités Hepoui et Hekes sont chargées de la divinisation de la chasse et de la pêche et, de plus, sont liées à deux attributs sacrés de la personne royale, la barbe et les cheveux. Ce détail démontre, une fois de plus, que Pharaon est l'Homme universel qui synthétise toutes les fonctions célestes et terrestres.

L'alimentation quotidienne ne consiste pas seulement à nourrir le corps ; elle réside aussi dans la régénération de l'âme, puisque la déesse Akhet, servante de la lumière, est préposée au pain et la déesse vache, « celle qui se souvient d'Horus », veille sur le lait. Quant à Shesmou, « Celui du pressoir », il fait couler le jus du raisin assimilé au sang du dieu sacrifié ; on doit mentionner, à ce propos, les étonnantes représentations du « Christ au pressoir » qui reprennent le même thème symbolique.

Cette liste très sommaire indique clairement la volonté de sacralisation que les hommes du temple mettaient en œuvre ; songeons aussi à la déesse nommée « Celle qui prend soin de l'embryon » qui veille à la croissance de l'être humain pour la rendre comparable à celle des dieux ; à la déesse Anoukis qui sanctifie l'eau fraîche et vivifiante de la première cataracte, scintillante comme une gazelle. Son époux, le bélier Khnoum, contrôle l'eau du Nil céleste ; lorsqu'il lève sa sandale, il libère la crue qui offre à l'Egypte entière un nouveau cycle énergétique.

La sacralisation de la vie est la chose la plus fragile qui soit ; dès que les hommes manquent d'attention à la présence divine, ils rendent profanes les richesses qui sont à leur portée. Pour pallier ce risque, les collèges de prêtres ont créé les rites journaliers. Evoquons, par exemple, cette prêtresse qui fait bruire deux sistres pour rendre favorable la dangereuse uraeus du soleil, ce serpent qui crache le feu pour dissiper les ténèbres. Par le rythme de la musique sacrée, les « divines adoratrices » pacifient la violence divine ; elles éveillent dans la pensée des dieux un désir amoureux qui se concrétise par la fécondation de la terre (*BSFE* 64, 31-52).

Si la « construction » d'une terre sacrée est bien la première conséquence d'une cosmologie symbolique, il nous faut maintenant insister sur le rapport qui existe entre le jaillissement perpétuel des dieux et l'édification d'une société sacrée. Cette dernière repose sur l'initiation des hommes, plus ou moins approfondie selon les cas. Chaque individu « existe » plus ou moins réellement selon le rapport plus ou moins étroit qu'il entretient avec les dieux.

Pour éclaircir ce rapport, disons d'abord que les notions de vie et de mort sont très différentes de celles qui nous influencent actuellement. Pour l'Egyptien, la mort physique n'est pas le néant. L'homme sort du grand corps de Maât et y retourne après son passage sur cette terre. La « première mort », par conséquent, n'est qu'une mutation d'état qui ne pose aucun problème insoluble. La « seconde mort » en revanche, est une épreuve essentielle. C'est à ce moment que l'homme doit rendre compte de son action et prouver qu'il a fait croître sa parcelle de lumière. S'il s'est contenté de subsister sans conscience, il est entièrement dévoré par un monstre composé de plusieurs animaux et retourne au cycle naturel.

L'important est donc de devenir « serviteur » du Grand Dieu ici-bas et dès maintenant pour se présenter en toute confiance devant son inflexible tribunal (5). Le Grand Dieu connaît la nature intime de chaque être et personne ne peut rien lui cacher, même en dissimulant ses pensées. Rejeter dans sa propre nuit des responsabilités que l'on fuit revient d'ailleurs à se tromper soi-même et à se condamner au pire châtiment. Nous avons à devenir les interprètes des paroles de lumière et l'image du Maître unique.

Selon le chapitre XXII du *Livre des Morts*, l'homme surgit d'un œuf qui est dans le pays mystérieux. On offre alors une bouche au nouveau-né de sorte qu'il s'exprime devant le tribunal qui l'attendait. Devant lui siège Osiris, en haut d'une estrade. « Je suis venu, dit l'homme, de l'île de l'embrasement, après avoir agi selon le désir de mon cœur-conscience. J'ai éteint la flamme et j'en suis sorti. » L'initié a donc accompli le « passage » du feu destructeur de la passion et du fanatisme au feu créateur de l'amour. En écoutant sa conscience, il a fait croître un désir de vérité. Il est alors capable de se souvenir de son Nom, de son essence réelle, en traversant les portes et les couloirs inquiétants de l'empire des morts.

Dans cet empire, il est souvent assailli et doit prouver sa clairvoyance. A lui de repousser les deux sirènes séductrices qui l'entraîneraient dans les mirages du dualisme ; à lui de faire fraterniser les « deux seigneurs », Horus et Seth, à lui de gagner la partie de *Senet* contre un adversaire invisible, à lui de ne pas accepter le rôle de victime que voudraient lui imposer les génies aux couteaux. Si l'initié perçoit bien

(5) Cf. J. Sainte-Fare Garnot, *Le Tribunal du grand Dieu sous l'Ancien Empire égyptien, R.H. R.*, t. CXVI, n° 1, (1937), pp. 26-33.

sa fonction, il devient à la fois le sacrificateur et le sujet du sacrifice. Il entre alors en toute confiance dans la redoutable « salle d'abattage » où sera retranché ce qu'il y a d'inutile en lui.

Le monde des épreuves imposées à l'initié repose sur une architecture de portes innombrables. Lorsqu'il arrive devant l'une d'entre elles, un dialogue s'instaure. « Je ne te laisserai pas entrer par moi, lui dit le fronton de la porte, si tu ne me dis pas mon nom. » « Peson d'exactitude est ton nom », répond l'initié. « Puisque tu nous connais, conclut la porte, passe par nous ! » A chaque étape, il faut recommencer ce processus d'identification et l'initié nomme avec la plus grande exactitude tous les éléments constitutifs des portes. Il y parvient, parce que les noms magiques sont dans sa propre conscience et qu'il s'est exercé à les formuler sans erreur.

Quand il pénètre dans la salle des deux Vérités, la divine et l'humaine, il identifie les quarante-deux dieux qui l'interrogent et caractérise ainsi les qualités spirituelles qui lui sont nécessaires, disant par exemple « O enfant d'Héliopolis, je n'ai pas été sourd aux paroles de vérité », « O fluide, originaire de l'Océan cosmique, je n'ai pas été bruyant ». Il voit alors les mystères de la demeure d'Osiris, à savoir la communauté des bienheureux qui ont franchi les épreuves avant lui. Il enlève le voile du dieu caché dans le temple, habille celui qui était nu et rassemble ce qui était démembré.

L'initié égyptien qui souhaite renforcer son rapport conscient avec les dieux est avant tout un voyageur. Il veille à ce que sa « balance » intérieure soit vide d'actes négatifs et à ce que sa bouche soit correcte sur terre. L'Evangile gnostique de Thomas, reprenant un enseignement égyptien, précise que ce n'est pas ce qui entre dans notre bouche qui nous souille, mais ce qui en sort. La parole est chose précieuse, puisqu'elle amène à l'être ce qui était virtuel ; le bavard dilapide ses forces de création, le sage prononce le mot juste au moment juste.

A l'homme qui vient de renaître en esprit, les dieux offrent une nouvelle bouche, un nouveau cœur, un véritable nom d'éternité. Il dispose de l'ensemble des facultés magiques qui l'autorisent à commander au feu, à l'eau et au vent. Il est maître de ses actes, de ses pensées et de ses sentiments. « Ma bouche, dit l'initié, m'est ouverte par Ptah au moyen de ce ciseau en fer céleste avec lequel il a ouvert la bouche des dieux. » Le rite de l'ouverture de la bouche correspond à la naissance du Verbe en l'homme. Désormais sont sacralisés ses cheveux, son visage, ses yeux, ses oreilles, son nez, ses lèvres, ses dents, ses bras, son cou, son dos, son phallus, sa poitrine, son ventre, ses fesses, ses cuisses, ses jambes, ses orteils... Son corps n'est plus seulement un composé de chair et de sang, mais un magnifique symbole. C'est alors que l'initié prononce cette phrase qui est le point culminant de sa sacralisation : « Il n'y a pas en moi de membre qui soit privé de Dieu. » (LdM, ch. 42.)

Otant ses vêtements, l'initié se purifie comme se purifient les dieux et accède au Saint des saints où il communie directement avec la divinité. Il n'est plus seulement porteur de son individualité, mais représente la communauté de ceux qui l'ont précédé. Sa marche va de l'est vers l'ouest, de la lumière solaire vers le « Bel Occident » où il découvrira les principes cachés de la vie. Dans sa succession de voyages à travers le cosmos, il marchera sur les eaux célestes. Une expression égyptienne courante désigne d'ailleurs le serviteur parfait par le titre « celui qui est sur son eau », autrement dit celui qui sait toujours demeurer dans le mouvement de la vie sans se figer dans un point de vue particulier.

Les transformations et les mutations de l'initié ont d'ailleurs lieu dans le flot de l'énergie, et son idéal consiste à sortir au jour sous les formes les plus diverses. Il « creuse l'horizon », parcourt la terre en tous sens, sort par la porte du Maître de l'univers. Ces mutations aboutissent à l'identification de l'initié avec le grand dieu créateur, Atoum.

« Je suis Atoum dans l'Océan primordial, déclare-t-il au chapitre sept du *Livre des morts ;*

Ma sauvegarde est constituée de tous les dieux,
Eternellement.
Je suis quelqu'un de qui le nom est secret,

A la place plus prestigieuse que des millions.
J'étais entre eux deux,
Je suis sorti avec Atoum.
Je suis celui qui n'a pas été compté,
Je suis totalement indemne. »

Indemne, c'est-à-dire complet à l'image d'Atoum, l'être total. L'initié a effectivement réalisé l'ensemble des qualités spirituelles de l'homme, ce qui se traduit par cette déclaration du chapitre 38 A : « Je suis Atoum, celui qui est monté de l'Océan primordial vers la voûte céleste. J'ai pris possession de ma place de l'Occident, je commande aux bienheureux, ceux dont la place est cachée. »

Identifié à Atoum, l'initié ceint l'écharpe de la Connaissance. Ses pensées ne sont plus de vaines agitations mentales mais, selon l'expression égyptienne, « les grandes incantations magiques sortant de la bouche ». En prenant le Verbe à l'intérieur de lui-même, l'initié dissipe l'obscurité. Il rentre et sort à son gré dans les royaumes célestes. « Ouvre-moi ! », ordonne-t-il au gardien du seuil. « Qui es-tu ? D'où viens-tu ? »; « Je suis l'un de vous, répond l'initié. Etoile du matin, frayemoi le chemin. Je suis entré en faucon, je suis sorti en phénix. » Ces phrases énigmatiques font allusion à un rituel que nous retrouverons beaucoup plus tard en Occident. L'étoile du matin à cinq branches est symbole de l'harmonie consciente de l'humain avec le divin ; elle régit les lois de la proportion harmonique qui préside à toute croissance. Horus le faucon, qui sera traduit par l'aigle dans la civilisation chrétienne, est porteur de lumière et symbolise l'être capable de regarder le soleil spirituel en face parce qu'il a purifié sa vie. Le phénix, enfin, est signe d'une régénération permanente de soi-même.

La réalisation spirituelle de l'homme est admirablement symbolisée par les objets rituels qui indiquent le rôle réel de la momie. Dans la tombe, on dépose un pilier-*djed* en or qui illumine la conscience en tant qu'axe immuable reliant la terre au ciel. La colonnette *ouadj* incarne la croissance continue de l'être qui abolit la frontière entre la vie et la mort. Le chevet sur lequel repose la tête est orné de deux lions, hier et demain, fait participer l'homme à l'indifférenciation du sommeil où les dieux préparent la renaissance. La petite figurine du dieu « grotesque » Bès fait allusion aux concepts d'initiation et de « monter vers », deux sens impliqués par la racine *bs*. Le collier d'or protège la vie intérieure et offre à l'initié les moyens de sa libération. Le sommet de la tête est orné de lapis-lazulis pour montrer que l'homme libéré entre en contact avec le monde céleste et que sa pensée personnelle est remplacée par une pensée de nature cosmique. Le visage d'or est rayonnant de lumière ; le cœur est un scarabée, symbole de toutes les mutations de la conscience, de toutes les transformations que l'homme doit accomplir pour être au cœur de la vie.

« J'ai ouvert tous les chemins qui sont au ciel et sur la terre », affirme l'initié, « je marche sur les eaux célestes ». Quand les portes du ciel s'ouvrent pour lui, le dieu Geb ouvre ses mâchoires, ouvre ses yeux, étend les jambes qui étaient encore repliées. Anubis affermit ses genoux pour qu'il se mette debout, Sekhmet le redresse. Il est alors réellement connaissant grâce à son cœur, atteint la fraternité dans le partage de la destinée céleste, selon l'expression de Sainte-Fare Garnot.

L'essentiel, pour l'Egyptien, est la rencontre avec les dieux. Tant que ce mariage ne s'est pas produit, l'individu est un arbre desséché. Par la pratique du symbole et du rite, l'initié parvient peu à peu à voir les dieux en face, à connaître leurs noms, à mettre en œuvre des possibilités de création qui gisaient en lui et qu'il ignorait. Dieu est Un, Trois sont tous les dieux, l'Ennéade est le retour à l'unité, tous les aspects du monde sont divins, l'expression des dieux n'a pas de fin, ne peut être enfermée dans les limites d'un dogme. La civilisation pharaonique, avec une extrême précision, a multiplié les jalons sur la voie de la rencontre avec les dieux.

CHAPITRE VII

CONNAISSANCE ET SAVOIR

> « Il (Pharaon) représente les forces redoutables d'Amon-Rê, seigneur-des-trônes-des-deux-pays, qui est à la tête de Karnak, le bélier au poitrail prestigieux qui est dans Thèbes, le grand lion né de lui-même, le grand dieu ancien de la première fois, régent des rivages, roi des dieux, seigneur du ciel, de la terre, du monde inférieur, des eaux et des montagnes, — celui dont le nom est caché aux dieux, le géant d'un million de coudées, le dieu au bras puissant qui soutient le ciel au-dessus de lui, celui dont les plumes sont hautes ; le vent sort de sa bouche pour donner la vie à toute narine ; il se lève sous la forme du dieu-lumière afin d'illuminer les deux pays ; et la crue monte à partir des émanations de son corps, pour vivifier toute bouche qui mange à tout moment de chaque jour. »
>
> *Papyrus magique illustré de Brooklyn,* (second document), traduction Serge Sauneron.

Dans un ouvrage consacré à la pensée symbolique des anciens Égyptiens, on ne saurait passer sous silence leurs conceptions scientifiques, d'autant plus que ce sujet a été maltraité par un certain nombre de charlatans et d'occultistes qui répandirent dans le public une image tout à fait erronnée des découvertes de la civilisation pharaonique.

La situation se présente d'une manière assez simple ; d'un côté, nous trouvons une grande partie des égyptologues qui considèrent la science égyptienne comme un balbutiement enfantin dû à une civilisation « pré-logique » et incapable de bâtir des raisonnements « abstraits ». Les Grecs, heureusement (?), ont dépassé cet état primitif et sont parvenus à fonder une véritable « science ». De l'autre côté, des auteurs qui ne connaissent pas la langue égyptienne sombrent dans le merveilleux le plus gratuit.

Aucune de ces deux attitudes ne nous semble constructive, et le problème nous paraît mal posé. Les contemporains ont remplacé ce qu'ils nomment dédaigneusement les « idoles » par la vénération aveugle de la technique et jugent ainsi les anciennes civilisations à partir de critères inacceptables.

Les anciens Égyptiens établissaient une distinction très nette entre le monde de la Connaissance et celui du savoir. Connaître, c'est vivre en intuition, pénétrer consciemment à l'intérieur des causes vitales, créer en l'homme une harmonie bâtie à l'image de l'harmonie universelle ; c'est fonder une société en fonction du monde des dieux et de la pulsion dynamique du sacré. A partir de la Connaissance aux dimensions infinies, il est possible de mettre au point un savoir, des connaissances techniques qui se révèlent indispensables pour affronter victorieusement les épreuves de l'existence quotidienne.

Il nous faut aborder la science égyptienne avec un esprit tout à fait particulier que seuls les grands physiciens de notre époque ont retrouvé. A chaque instant de l'expérimentation astronomique ou médicale, le savant égyptien part de la cause divine qui engendre le phénomène matériel, il tente de percevoir le « pourquoi » avant d'analyser le « comment ». Si l'on a beaucoup parlé de la « science mystérieuse des pharaons », on s'est peut-être trompé sur la nature de ce mystère. Les Égyptiens n'ont sans doute pas atteint un progrès technologique aussi développé que le nôtre, mais ils ont créé un admirable réseau de relations entre les forces créatrices de l'univers et le comportement quotidien des hommes.

La civilisation égyptienne est fondamentalement active, au sens où elle place l'acte créateur avant la contemplation et la méditation. L'essentiel est d'incarner sans cesse le flux divin qui traverse les mondes. Aussi, selon l'expression de Volten, la vertu est-elle égale à la science. L'homme vertueux est celui qui connaît de l'intérieur la science de la vie, cette science qui décèle en tout ce qui existe le principe créateur. La morale et la respectabilité sociale ne reposent pas sur des critères arbitraires mais sur cette « vertu connaissante » qui oriente la dignité humaine vers la Lumière. Comme le remarquait Serge Sauneron, il est traditionnel d'associer les positions sociales aux plus hautes préoccupations spirituelles ; aussi l'homme d'Égypte exerçait-il une fonction symbolique dans le cadre de ses activités quotidiennes.

Les grands préceptes de la science égyptienne sont consignés dans un écrit de la main de Thot, écrit qui remonte au temps des serviteurs d'Horus. Cette simple constatation est déjà fort riche d'enseignements. Thot, créateur de la langue sacrée, met le monde en forme par la toute-puissance des hiéroglyphes ; les serviteurs d'Horus sont des êtres spirituellement accomplis capables de transmettre une vision consciente de l'univers. Lorsque Flavius Clémens, utilisant la symbolique égyptienne et la pensée chrétienne, fonda vers l'an 200 de notre ère une communauté initiatique à Alexandrie, il utilisa les quarante-deux livres secrets dans lesquels les médecins égyptiens avaient résumé leurs expériences concernant l'anatomie, la physiologie, la chirurgie et la pharmacopée. Il n'était pas le seul homme de ce temps à prolonger la pensée pharaonique et le Moyen Age occidental sut en conserver l'essentiel.

Personne n'est né savant, personne ne naquit intelligent, affirme le vizir Ptahhotep. Nous avons à « construire » notre intelligence, à bâtir notre sagesse. Et le plus sûr chemin qui conduit à ces réalités essentielles, c'est l'art, premier principe de la science de la vie. L'art égyptien, en effet, est nourri par un esprit de vérité qui exige la représentation intime de toutes choses et non la reproduction mécanique de l'apparence. C'est en Maât, l'harmonie cosmique, que l'artisan puise son inspiration (1). Aussi n'existe-t-il pas de mot égyptien signifiant « artiste » ; c'est l'œuvre qui importe, non celui qui la fait.

L'art égyptien est « scientifique » parce qu'il est le principal moyen de faire comme les dieux ont fait et de remettre en vigueur les arcanes qui ont présidé à la naissance du monde. Comme l'écrit justement Siegfried Morenz, « la création du monde prend donc pour l'Égyptien l'aspect de l'artisanat, de l'engendrement et de la parole » (*Religion,* 219). L'art bien conçu est une parole de Dieu qui devient perceptible à l'ensemble des hommes ; les corporations de bâtisseurs, de dessinateurs, de graveurs n'étaient pas de simples associations d'exécutants mais des communautés fraternelles travaillant à la gloire du Principe et appliquant les enseignements révélés par les dieux. Travaillant à la spiritualisation de la matière, ils transmettaient à la fois des secrets de métiers et des « modes de vie » ; ils restèrent très discrets sur leurs rites et les représentations artistiques qui les concernent sont assez rares. Dans la tombe d'Amenhemet, on voit pourtant un banquet qui réunit le Maître d'Œuvre et tous ses Frères autour du repas commun. Moment particulièrement important, où la multiplicité devient l'Unité.

Parmi les manifestations les plus inattendues de l'art sacré, citons en exemple les armes rituelles. (*ASAE* 47,47-75) C'est Ptah qui a façonné ta lance, c'est Sokaris qui a forgé tes armes », dit un texte d'Edfou. Ptah, dieu des artisans, est avant tout forgeron et fondeur ; Sokaris est l'orfèvre. L'entité « Ptah-Sokaris » règne donc sur les forces les plus obscures de la matière où sommeille la parcelle divine de l'origine. L'arme nommée *khepesh* garantit la vaillance et le triom-

(1) Cf. E. Brunner-Traut, *Die Darstellungweise in der ägyptischen Kunst — ein Wahreitsproblem.* Zeitschrift für Wissenschaft, Kunst und Literatur, 1953, pp. 481-492.

phe ; c'est Ptah qui l'offre au pharaon lors des préparatifs d'un combat pour que l'inquiétude s'éloigne du monarque. Certaines armes, comme des casques ou des pointes de lance, étaient même strictement rituelles et n'étaient pas matériellement employées. C'est dire que le rôle de forgeron, si étroitement lié au processus alchimique, a une signification spirituelle très profonde. En utilisant les armes de Ptah-Sokaris, le roi d'Égypte n'est pas un vulgaire combattant qui souhaite faire triompher son point de vue ; il prend en charge les forces vives du monde matériel afin de les sanctifier.

L'artisan, ce grand maître de la science sacrée, fonde en partie son expérience sur la géométrie vivante qu'il découvre dans la nature. Les anciens nous parlent souvent des méthodes symboliques qu'employaient les bâtisseurs pour ériger le temple, et l'on doit rappeler que Karnak, à l'époque grecque, était nommée « le ciel sur la terre ».

L'ensemble des temples de Thèbes est aussi appelé « Celle qui recense les places » ou, selon une autre traduction, « celle qui donne un nombre aux sièges ». La fonction du temple est bien de déterminer le Nombre de chaque chose, à savoir la nature profonde de chaque « état » de la vie. C'est à l'intérieur du temple que l'artisan égyptien devient un « homme de métier », un être qui communie avec la matière dont il dégage la beauté secrète. Connaître le nom, c'est prendre conscience des potentialités non encore réalisées et favoriser leur éclosion. C'est pourquoi l'architecte Senmout résumait admirablement la vocation de tous les Maîtres d'Œuvre en déclarant : « J'ai eu accès à tous les écrits des prophètes ; il n'y avait rien que je ne connaissais pas de ce qui arriva depuis le commencement. » Ne voyons pas là une marque de vanité, mais plutôt une prise de responsabilité de l'Œuvre à accomplir et, plus encore, du processus intérieur qui mène à l'accomplissement de l'Œuvre. Comme le Roi, le Maître d'Œuvre se préoccupe de « ce qui est depuis le commencement », c'est-à-dire des potentialités créatrices inscrites de toute éternité dans le destin de l'homme. A ce propos, on peut évoquer les barques solaires que l'on enterrait près des pyramides pour offrir au monarque le moyen de voyager dans les mondes célestes ; ces barques se nommaient, par exemple, « l'âme des dieux » ou « l'étoile de l'Égypte ». Par leurs noms mêmes, elles situaient la science symbolique de l'Égypte comme une surprenante préparation au voyage de l'esprit.

Dans cette perspective, l'architecture sacrée est une rigoureuse inscription du monde divin dans le monde divin. A Karnak, on découvre trois enceintes ; celle d'Amon-Rê-Montou au nord, celle d'Amon-Rê au centre, celle de Mout au sud. Outre la symbolique de la triade créatrice, cette disposition évoque trois « degrés » à franchir, trois états de conscience à réaliser. On retrouve en chaque homme cette triple enceinte que la civilisation celtique célébrera sous d'autres formes et qui fait appel à notre dynamisme le plus profond : essayer de ne plus vivre dans l'alternance, ne plus subir la loi des contraires, mais franchir les enceintes divines qui protègent le centre de l'être.

La philosophie égyptienne, n'étant pas exprimée de manière rationnelle, est un véritable amour de la Sagesse. Evitant soigneusement de tomber dans le piège d'une mystique individualiste, elle se veut pratique et incarnatrice. Les textes égyptiens nous incitent à déchiffrer sans cesse le langage divin. Le Créateur est à la fois « celui qui est » et « celui qui n'est pas » ; il est à la source de la réalité totale de l'univers que nous envisageons tantôt comme un ensemble de phénomènes harmoniques (ce qui est), tantôt comme l'architecture secrète de la vie (ce qui n'est pas encore et ce que nous avons à « faire être »). Cette pensée ne restait pas simplement métaphysique ; elle régissait les activités humaines puisque, dans le domaine de la justice, on devait rapporter au vizir « ce qui est » et « ce qui n'est pas ». L'homme qui se présente devant le juge égyptien exprime ce qu'il croit devoir défendre et, par la magie du rite, il parvient également à exprimer des forces latentes dont il n'avait pas encore pris conscience.

C'est dans la langue égyptienne elle-même que l'on doit rechercher les principes de la symbolique. Cette démarche est si importante que nous ne pouvons l'aborder dans le cadre de cet ouvrage, car elle nécessite une très longue présentation pour être compréhensible. Prenons un exemple très ponctuel ; en égyptien, le nom du dieu Anubis peut s'écrire *inp,* soit un composé de trois « racines-mères », *i* + *n* + *p.* Or, dans le *papyrus Jumilhac* (VI, 6-7), il nous est dit qu'Anubis reçut son nom de sa mère Isis. « Ce fut prononcé, complète le papyrus, relativement au vent, à l'eau et au gebel. » Phrase énigmatique, qui s'explique cependant si l'on sait que *i* est symbolisé par une plume faisant allusion au vent, que le *n* est symbolisé par une ligne brisée faisant allusion à l'eau, et que le *p* est imagé par un carré faisant allusion à la pierre du désert. Ce premier déchiffrage accompli, nous sommes en présence d'une triple fonction d'Anubis, qui régit à la fois l'air, l'eau et la pierre et régularise leur énergie selon le génie propre à ses caractéristiques divines.

Chaque mot de la langue égyptienne, on le voit, nécessiterait une étude approfondie qui rendrait compte de l'ensemble de ses dimensions symboliques. Chaque terme, par ailleurs, étant lié à un ensemble de mots, on parviendrait à mettre en évidence les racines créatrices de la pensée pharaonique.

Si Thot est le grand maître des hiéroglyphes, Pharaon est chargé de les faire vivre, de même que l'empereur de Chine avait pour tâche de « rectifier » les dénominations en préservant la valeur sacrée du langage. Pharaon, berger des hommes, est le garant de Maât que Serge Sauneron définit en termes très clairs : « Maât, c'est l'aspect du monde que les dieux ont choisi, c'est l'ordre universel tel qu'ils l'ont établi, de ses éléments constitutifs essentiels, comme la course des astres et la suite des jours, aux plus humbles de ses manifestations : la concorde des vivants, leur piété religieuse ; c'est l'équilibre cosmique, et la récurrence régulière des phénomènes saisonniers ; c'est aussi le respect de l'ordre terrestre fixé par les dieux, la vérité, la justice. » (*Les prêtres*, 27-8.)

Les savants qui sont, en permanence, dépositaires de Maât, la vérité cosmique, sont les juges. Ils portent autour du cou une chaîne d'or qui les relie à la vérité céleste et imprime à leur âme la marque de la pureté que les hommes essayent de respecter. Etant prêtres de Maât, les magistrats considèrent leur travail comme un sacerdoce. Parmi leurs ornements rituels, une petite figurine de la déesse Maât est un constant rappel de l'origine sacrée de leur fonction. (*BSFE* 68, 19.)

On connaît le cas de ce vizir qui punissait volontairement ses proches parents afin qu'on ne l'accuse pas de leur octroyer des faveurs illégales. Ce comportement est aussi coupable que celui consistant à profiter abusivement de sa charge ; ce vizir ne respectait plus Maât, car il châtiait injustement au nom d'une idée fausse. Celui qui « en fait trop », comme celui qui n'en « fait pas assez » trahissent également la règle universelle.

L'insertion volontaire de la civilisation égyptienne dans une architecture cosmique donne, bien entendu, une place prééminente à l'astronomie. Ce terme est évidemment incomplet, puisque la science céleste des Égyptiens comprenait à la fois une observation des phénomènes et une application religieuse et symbolique à partir de cette observation. Le ciel est la déesse Nout qui recouvre notre monde de son corps ; ses jambes sont situées à l'orient et sa bouche est l'horizon occidental. Dans son corps gigantesque circulent les planètes et le soleil, que halent douze étoiles infatigables. Ce monde cosmique est fractionné par des portes que le dieu solaire franchit chaque jour et chaque nuit, traçant un immense cycle énergétique que les prêtres favorisent par le culte.

L'un des points essentiels du ciel est ce que l'Egypte nomme Akhet et que l'on traduit d'une manière inexacte par « horizon ». En réalité, il s'agit du « lieu » cosmique où s'opère le contact entre l'infini et le monde temporel. C'est à cet endroit que surgit la première butte de terre lors de la Création. (1) L'Akhet se présente comme une « montagne solaire », selon l'excellente expression de Champollion, comme une sphère lumineuse du monde d'en haut (Brugsch). Il est proposé à l'homme qui sait observer de pénétrer dans ce pays en relation directe avec la lumière et de traverser ce lieu embrasé où réside la présence divine. Etre dans l'Akhet revient à vivre le processus par lequel la lumière s'engendre d'elle-même et devient perceptible.

L'Egypte, nous le verrons bientôt, est une civilisation du regard juste. Les Grecs et les Romains ne se trompaient pas en affirmant que les Égyptiens scrutaient le ciel de la manière la plus parfaite qui soit ; lors de la fondation du Temple, le roi, en tant qu'astronome, plantait des piquets et, en compagnie de la déesse Sechat, utilisait un cordeau. Le jalon étant enfoncé dans le sol, le monarque utilisait le cordeau pour tracer la circonférence d'un cercle. Il reproduisait ainsi le symbole de l'univers en mouvement et l'incarnait sur le sol.

Pour l'égyptologue tchèque Zaba, il n'y a pas de hasard dans l'orientation des édifices. Les Égyptiens connaissaient la précession des équinoxes (2) et savaient trouver le nord vrai, c'est-à-dire la direction du pôle céleste. Ce pôle, à toutes les époques, n'est qu'un point imaginaire à l'extrémité de l'axe imaginaire qui traverse la terre par le pôle terrestre. « Une direction, écrit Zaba, allant de n'importe quel point de la terre vers le pôle céleste abaissée sur le sol horizontal est donc, à toutes les époques, identique à la direction allant du même point vers le pôle terrestre projeté sur le sol horizontal. Cette direction une fois trouvée, un point peut être abaissé de la droite à l'aide du fil à plomb. La ligne qui joindra le point éligible avec le point abaissé de la droite

---

(1) Cf. De Buck, *Egyptische Godsdienst*, 1941 ; J. Capart, *CdE*, tome XVI, n° 32, p. 222 ; C. Kuentz, *Autour d'une conception égyptienne méconnue, l'Akhit ou soi-disant horizon, BIFAO* 17, 1919, pp. 121-190.

(2) Z. Zaba, *L'orientation astronomique dans l'ancienne Egypte et la précession des équinoxes.* Archiv Orientalni supplementa II, 1935, Prague.

dirigée vers le pôle céleste constituera la direction sud-nord sur la base horizontale d'un monument à ériger. »

« Je connais le mouvement de la boule du soleil et de celle de la lune et des étoiles, chacun d'après sa place », affirme un texte. Savoir astronomique, certes, mais aussi approche vitale des lois qui régissent la vie céleste et, par conséquent, la vie intérieure des hommes.

L'astronomie sacrée engendre naturellement une géographie sacrée. Symboliquement, la terre est un grand cercle à l'intérieur duquel se trouve un anneau formé par les provinces de l'Égypte, chacune d'entre elles étant la protection sur terre d'une « fraction » du ciel. Bernard Bruyère, cherchant à comprendre la structure du pays d'Égypte, indique que la rive occidentale est de nature féminine et maternelle ; elle est le « siège », la « demeure du dieu réenfanté » alors que la rive orientale est masculine et propage la vie ressuscitée par les rites de l'autre rive (*Mert Seger* I, 58-9).

Quel que soit l'intérêt d'une étude analytique de la géographie sacrée de l'ancienne Égypte, il reste que la donnée la plus importante est la correspondance des points vitaux du pays avec les parties du corps dispersé d'Osiris. La tête, les mains, les pieds, etc. président à la fondation d'autant de cités et en définissent la nature profonde. C'est le rôle des pèlerinages et des rituels de reconstituer ce grand corps éparpillé et de recréer l'unité à travers la multiplicité. Le culte des reliques, au Moyen Age, semble provenir d'une même intention. Voyager revient donc à se « remembrer » intérieurement en réunissant ce qui était épars.

La science consiste à connaître les noms de toutes les particules vivantes et à obtenir la maîtrise du ciel, de la terre, du jour et de la nuit, des montagnes et des eaux, à comprendre le langage des oiseaux et des reptiles. « Tu verras les poissons de l'abîme, est-il promis à Neferkaptah, car une force divine planera sur l'eau au-dessus d'eux. » L'Égyptien ne s'oppose pas au monde qui l'environne ; il ne dissocie pas son approche du réel en « subjectif » et en « objectif », mais tente de participer au mouvement vital et aux transformations incessantes de la nature.

Les « corpus » scientifiques et les traités didactiques ont donc moins de valeur que le « livre de vie », ce livre non écrit dont un conte nous propose la description suivante : « Il est au milieu de la mer de Koptos, dans un coffret de fer ; le coffret de fer contient un coffret de bronze ; le coffret de bronze contient un coffret de bois de cannelier ; le coffret de bois de cannelier contient un coffret d'ivoire et d'ébène ; le coffret d'ivoire et d'ébène contient un coffret d'argent ; le coffret d'argent contient un coffret d'or, et le livre est dans celui-ci. Et il y a une lieue de serpents, de scorpions et de reptiles autour du coffret dans lequel est le livre, et il y a un serpent immortel enroulé autour du coffret en question. » Cette très belle symbolique nous indique clairement qu'il faut passer de coffre en coffre, de mystère en mystère, d'état de conscience en état de conscience pour aller vers le Livre et faire la rencontre du serpent qui, selon les Gnostiques, représente l'intelligence vraie se faufilant à travers toutes choses, même les plus opaques et les plus matérielles.

Très naturellement, nous parvenons alors à la notion de magie et aux fonctions sacrées du magicien qu'un dialogue du chapitre 99 du *Livre des morts* évoque en ces termes :

« Qui es-tu, qui vient là ?

— Je suis un magicien.

— Es-tu complet ?

— Je suis complet.

— Es-tu équipé ?

— Je suis équipé. »

Le magicien est l'homme « complet » et « équipé » parce qu'il a une pleine connaissance des forces créatrices qui sont à l'origine de la vie et que Philippe Derchain définit comme « un corps de lois constituant un système psychologique et philosophique aussi pratique et nécessaire que le sont pour nous aujourd'hui les sciences exactes » (*Papyrus Salt*, 4).

La magie, se situant avant la naissance du temps et des phénomènes concrets, est la science la plus exacte qui soit puisqu'elle se préoccupe de favoriser l'harmonie et de placer chaque être à sa juste place dans la construction universelle. De plus, le magicien travaille à partir du symbole qui n'est pas une image poétique de la réalité mais son aspect le plus secret. Vivre le symbole par l'action magique revient à vivre ce qu'il y a de plus réel et à le traduire par un rite qui servira de « base de départ » aux autres hommes.

Pour illustrer cette démarche, prenons l'exemple du voyage initiatique tel qu'il nous est présenté par le *Livre des Morts.* L'homme quitte la terre profane et se dirige vers la nécropole avec l'espoir de découvrir les voies de la sagesse. Dès l'abord, il affronte des « ennemis » qui sont ses propres insuffisances intérieures et doit rendre des comptes à sa propre conscience. Par l'action magique, il prouve la compréhension des symboles rencontrés tout au long de sa vie et acquiert la maîtrise des éléments. Parvenu à l'équilibre de sa « matérialité » par la maîtrise de la terre, à la plénitude de ses sentiments par celle de l'eau, à la clarté de son intelligence par celle de l'air, au rayonnement de son esprit par celle du feu, il revêt alors de nombreuses formes divines et monte dans la barque solaire où se déroule le « jugement » d'Osiris. Sa « glorification », ou exaltation de sa flamme intérieure, dépend de sa conformité à l'ordre cosmique.

Les « enchantements » magiques sont surtout destinés à protéger ceux qui voyagent, ils les « équipent » des possibilités spirituelles nécessaires à l'accomplissement de soi-même. C'est pourquoi, par la magie, on « ouvre le cœur » des voyageurs. Le maître de la terre consacrée, le dieu Anubis, est placé « à la tête de la tente du dieu » pour faire les purifications qui précèdent la divinisation de l'initié, son entrée dans la fraternité des dieux. Tout prêtre égyptien est par définition un *ouâb,* un « purifié ». Seule la magie est réellement purificatrice car elle dépouille l'être de ses faux visages et lui offre le masque hiératique du dieu, tel qu'il s'est révélé lors de la naissance du monde.

La magie égyptienne a pour vocation d'éveiller le feu, de faire surgir la flamme de l'offrande qui crée un lien incorruptible entre le ciel et la terre. Un texte magnifique célèbre la flamme en ces termes :

« O toi,
La Grande,
Toi qui t'en vas au loin,
Toi qui sèmes l'émeraude,
La malachite et la turquoise,
Qui en fais des étoiles,
Si tu resplendis,
Je resplendirai de même,
Et ainsi resplendira la nourriture des vivants » (1).

Le feu intérieur de l'homme crée ses « étoiles », ses possibilités de rayonnement et d'enseignement qui nourrissent véritablement la communauté humaine. Au temple de Soleb, lors du grand rituel de régénération du Roi, on procédait à la cérémonie d' « allumer la lampe » à laquelle prenait part une énigmatique « sainte Mère », symbolisant la tradition spirituelle de l'Égypte. Pharaon était lui-même une immense flamme rituelle éclairant le « double pays » et lui offrant « vie, santé et force ».

Le feu sacralisateur se traduit aussi par la symbolique de l'ivresse, et l'on connaît ce passage d'un *hymne à Amon* où il est dit au Dieu :

« Tu donnes l'ivresse,
Même si l'on ne boit pas. »

Il s'agit à l'évidence du thème de la *sobrieta ebrietas* si cher à l'ésotérisme musulman, de cette ivresse divine qui dévoile la vérité du fond du cœur et découvre les pensées les plus cachées de l'âme. La déesse Hathor est à la fois joie et ivresse sacrée, elle offre aux hommes le vin de la connaissance analogue au flot de l'inondation qui ranime les morts lors de la fête Ouag. Le vin sanctifié par la déesse fait passer la conscience de la torpeur à l'éveil, et un flot de joie envahit l'homme qui, par la magie, s'est mis en résonance avec la vie la plus généreuse (*BSFE* 57,7-18).

---

(1) Voir Schott, *Chants d'amour*, p. 89.

La magie, que nous pouvons à présent entrevoir comme la science des forces vitales, se traduit également par des objets symboliques et notamment par le sarcophage dont le nom égyptien est « possesseur de la vie ». Ne perdons jamais de vue que les rites dits « funéraires » sont des rites d'éveil à la vie céleste et non des moments de désespoir. Il existe autour du sarcophage un champ symbolique concrétisé par des amulettes comme les couronnes, l'œil complet, les deux plumes, l'équerre, le niveau, l'escalier, le soleil sortant de l'horizon. Cette courte énumération montre clairement que les amulettes sont porteuses de signification symbolique et qu'elles constituent autant d' « instruments » utiles au voyage initiatique. Les couronnes, par exemple, offrent à l'initié une manière de penser conforme au dynamisme du cosmos, l'équerre lui enseigne la juste application des lois de Maât. Songeons aussi à cette surprenante pagaie du dieu Rê, pagaie qui ne se mouille pas à l'eau et ne se brûle pas à la flamme. N'étant pas susceptible de modifications sous l'influence d'éléments extérieurs, la pagaie du soleil trace le mouvement parfait qui permet à la barque des dieux de franchir les obstacles dans ce monde-ci et dans l'autre.

La magie sacrale est présente à tous les instants de la vie quotidienne. Lors de l'accouchement, par exemple, la future mère mangeait du miel et un gâteau fabriqué de ses propres mains. Un texte rituel donne la signification de ces actes : « Pain de naissance frais. Je t'apporte cette émanation de l'Œil doux d'Horus. » Selon Chassinat (*BIFAO* X, 183-193), le rituel d'un accouchement serait une application dérivée de celui de l'Ouverture de la bouche ; la mère serait considérée comme morte, puis ressuscitée. De plus, en tant que matrice assimilée à la déesse gestant les dieux, elle donne effectivement naissance à un être totalement neuf, porteur d'un nouveau Verbe. L'accouchement est l'illustration terrestre de l'origine abstraite du monde et replace la famille dans un contexte sacré ; d'une certaine manière, la création primordiale se répète. Le nouveau-né est symbole du premier dieu manifesté, il reçoit sur ses frêles épaules le poids de l'univers entier qu'il aura, comme ses prédécesseurs, à sacraliser par sa pensée et par son existence.

Le thème de l'accouchement nous fait aborder la science médicale de l'ancienne Égypte qui, dans certains domaines, semble avoir été très développée. Les Égyptiens savaient réduire les fractures et cautériser, ils avaient probablement découvert des produits comme la pénicilline et l'auréomycine et pratiquaient avec efficacité diverses opérations chirurgicales. Les difficultés lexicographiques rendent malaisée une approche exacte de leur savoir technique ; néanmoins, il est possible — et sans doute plus important — de scruter l' « état d'esprit » de la médecine égyptienne.

Cette dernière est une science sacrée, les médecins sont des prêtres qui ont reçu une initiation et pratiquent régulièrement les rites symboliques. Des formules du type « Début du remède que Rê confectionna pour lui-même » (*Papyrus Ebers*) démontrent que les dieux ont créé la médecine pour assurer une bonne distribution de l'énergie dans tous les types de corps, qu'ils soient divins, humains ou terrestres.

Si, pour la guérison d'un rhume, on s'adresse à « Thot au grand nez », ce n'est pas simplement pour le plaisir d'une analogie facile mais afin de rechercher dans l'architecture des forces causales la « pièce » qui manque dans le corps humain et le rend défectueux. « Le secret du médecin, affirme le *Papyrus Ebers* est la connaissance des mouvements du cœur et la connaissance du cœur. » Problème physiologique, certes, mais aussi dimension spirituelle car la physiologie est l'image humaine de l'immense réseau des fonctions vitales inscrites dans l'univers. Il existe, d'ailleurs, une ressemblance étroite entre la circulation de l'eau du Nil et le système sanguin. Les canaux d'irrigation sont les vaisseaux de l'organisme, et toute altération dans le grand corps de la nature se répercute dans le petit corps de l'homme. Le prêtre-médecin est le maître des « circulations », veillant à ce que rien ne se sclérose. S'il accorde tant d'attention aux plantes médicinales, c'est qu'elles naissent de la Terre-Mère et contiennent son dynamisme bénéfique. Bien entendu, il est indispensable de connaître la nature de la plante et de « doser » ses effets dans la balance de vérité.

Une telle vision de la médecine est inséparable du sacré. Le prêtre égyptien ne soigne pas seulement l'homme pour le délivrer de la douleur, mais aussi pour « réinsuffler » des éléments dynamiques dans son organisme. De la sorte, l'homme qui guérit peut à nouveau considérer son corps comme une totalité symbolique.

Ce passage de la maladie à la guérison est le fruit d'une mutation qui entre dans le cadre de l'alchimie. Lorsqu'on prononce ce terme, une certaine frayeur traverse les milieux égyptologiques, et l'on pense aussitôt à une science occulte née dans des périodes de dégénérescence. Tout au plus s'accorde-t-on pour dire que cette pseudo-science a vu le jour dans l'Égypte gréco-romaine.

En fait, l'étude de l'alchimie repose d'abord sur une définition. La plupart du temps, on traduit le terme « alchimie » par transformation d'une matière vile en matière noble, plus particulièrement en or. Les égyptologues, dans leur grande majorité, estiment que l'Égypte n'a pas connu cette technique. On pourrait établir un dossier contradictoire, mais tel ne sera pas notre propos. Nous nous attacherons à un autre aspect de l'alchimie conçue comme la transmutation de l'individu profane et sa divinisation. Sur ce dernier point, l'enseignement pharaonique est très net.

Rappelons, à titre d'anecdote, que de nombreux auteurs de l'antiquité classique estiment que l'Egypte fut une terre d'alchimistes, parmi lesquels vient au premier rang le vizir Imhotep, qui était aussi médecin et architecte. Le terme alchimie lui-même viendrait d'une racine égyptienne *chem* dont le sens est « noir ». Symboliquement, le sol noirâtre et fertile représenterait la « matière première » riche de potentialités à développer.

Le titre du grand-prêtre de Ptah, à savoir « Grand Maître de l'Œuvre », est révélateur. L'Œuvre dont il est responsable correspond exactement à celle dont l'abbé du Moyen Age était chargé : orienter les hommes vers la Lumière en les faisant passer de l'état limité de leur individualité à l'état de communion avec l'universel. Lorsque l'initié affronte la nécropole de Ro-Setaou, il trouve devant lui une voie d'eau et une voie de terre séparées par un mur de feu. A lui de ne pas prendre de routes secondaires et de devenir un « Maître de l'Œuvre » qui saura parcourir la voie sèche et la voie humide, si souvent évoquées dans l'alchimie occidentale.

Si l'on admet qu'une grande partie de la symbolique alchimique repose sur le thème de l'Or, nous disposons, avec l'Égypte, de données déterminantes. (1) L'or, symbole de l'impérissable, traduit la splendeur de la vie divine. Étroitement lié aux fonctions solaires, l'or des dieux est aussi illustré par la personne du roi, « montagne d'or qui éclaire tout le pays ». Matière qui constitue la chair des dieux, l'or rayonne dans le naos d'une lumière que seuls connaissent ceux qui ont recréé la lumière en eux-mêmes.

Le terme égyptien *pâpâ* signifie à la fois « luire » et « mettre au monde ». C'est précisément dans la « demeure de l'or » que les artisans mettent au monde les statues vivantes et les « chargent » d'un rayonnement créateur. La salle du sarcophage elle-même est une « demeure de l'or » parce que l'on y pratique des rites de résurrection. « Tu renouvelles la vie, dit Isis au dieu-scarabée Kheper, au moyen de l'or qui sort de tes membres. » Kheper régnant sur les transformations indispensables de la conscience tout au long de la vie humaine, il apparaît clairement que l'or est le substrat permanent des transmutations et qu'il en est même l'agent.

« C'est l'Horus de l'Orient pour lequel le désert produit de l'argent et de l'or », proclame un papyrus de Boulaq. L'Horus de l'Orient étant l'un des symboles les plus marquants de l'homme qui se réalise en pleine lumière, on voit que l'offrande de l'or correspond à la naissance la plus pure de la lumière créatrice.

Le processus de « putréfaction » alchimique, moment capital où les éléments naturels sont dissociés avant une

---

(1) Cf. F. Daumas, *La Valeur de l'or dans la pensée égyptienne*, *R.H.R.*, CXLIX, 1956, p. 1-17.

renaissance, peut être rapproché du dieu égyptien Khonsou. Amon, « le caché » renaît sous le nom de Khonsou grâce à la « corruption » d'autres êtres, il est cet éternel vieillard qui redevient éternellement jeune, l'état ancien de la matière rajeunie que l'on découvre dans de nombreuses gravures alchimiques.

Quant à la multiplication alchimique, ou expansion de l'Unité à travers les innombrables formes manifestées, on la trouve inscrite dans la théologie égyptienne la plus courante. La divinité unique, en effet, se révèle par des actes donnant naissance aux formes divines masculines et féminines. Ainsi se multiplient les formes de l'être qui n'a pas de forme et les noms de l'Un qui n'a pas de nom. Dieu est d'ailleurs « celui qui multiplie ses noms » (*ASAE* IX, 64-9).

Plus étonnant encore est un texte relatant la création de Thèbes, la cité d'Amon :

« (Dieu) la fit,
Il la créa,
Il la cuisit par la flamme de son Œil
En lande au bord de l'eau.
Il accorde le don
Qu'elle jouisse de la chaleur de l'uraeus,
Grande de flamme. »

Cette création alchimique de la cité sainte par l'Œil et le feu n'est pas dissociable des deux grands mouvements de toute spiritualité traditionnelle : la transcendance, ou aspiration de l'homme vers Dieu, et l'immanence, ou incarnation du divin rendu perceptible à l'homme. Cette théorie sera résumée par les alchimistes sous la forme du « solve » et du « coagula » que l'on doit pratiquer ensemble et au même instant.

L'alchimie pharaonique nous paraît plus vivante si l'on dessine ses contours à partir de la symbolique générale plutôt qu'en fonction de techniques matérielles disparues ou hypothétiques. Une fois de plus, nous observons que cette science sacrée, comme les autres, imprègne la vie quotidienne de l'Égyptien. L'alchimie, en effet, utilise les deux aliments les plus courants, le pain et la bière comme deux composantes symboliques de base. On sait que Zozime de Panopolis, alchimiste alexandrin du IVe siècle, utilisait de la belle orge claire dans la fabrication du Grand Œuvre, cette orge qui servait à la fois d'aliment matériel et d'aliment spirituel. Elément solide, élément liquide, offrent deux chemins complémentaires analogues à la « maison de la flamme » et à la « maison de l'eau » qui délimitent la voie vers le vase mystérieux où sont contenues les « humeurs » du dieu. Ce vase, que Paul Barguet a justement rapproché du Graal médiéval, sert d'abri à la lymphe divine, l'élément le plus subtil du corps de l'univers et du corps humain.

Toutes les formes scientifiques que nous avons évoquées tendent d'ailleurs vers la connaissance du « subtil », de l' « impalpable » et de ce que nous nommons « l'irrationnel ». La réalité n'étant pas assujettie à la logique humaine, il est normal que la pensée des anciens Égyptiens ne se soit pas cantonnée dans un rationalisme strict. Reconnaissant la perpétuelle « mouvance » de la vie, l'Égypte a créé des « sciences » capables d'enregistrer cette dynamique.

Par ailleurs, tous les aspects de la nature sont intimement liés entre eux par l'épine dorsale des symboles. « La vie de tous les jours, même la plus courante et la plus nécessaire, écrit François Daumas, pour les peuples dont l'existence est profondément liée aux changements mêmes de l'univers, revêt un sens profond, cosmique. » (*La Vie dans l'Égypte ancienne,* 17). A chaque moment du cycle agricole, par exemple, le divin est présent et sacralise le travail du paysan ; le champ est le corps, et celui qui connaît la nature profonde du champ connaît la sagesse de la terre. Les cultivateurs participent directement aux mystères les plus élevés, puisque la passion d'Osiris est comparable à l'aventure du grain mort et ressuscité ; l'idée sera reprise dans les mystères d'Eleusis et même dans les paraboles chrétiennes. Ainsi conçu, le champ représente l'ensemble des potentialités de la matière, réceptacle du sacré, et la culture de la terre devient la culture de soi.

Lorsqu'on met la semence en terre, on procède à un enterrement rituel. C'est la semence apparemment morte qui donnera la vie et chacun reconnaît alors l'action d'Osiris qui nous incite à renaître intérieurement à partir de notre mort quotidienne. Si l'artisan, le magistrat ou le médecin sont des « types » symboliques de l'initié, il en est de même du laboureur comme le montre ce dialogue (*LdM*, chapitre 189) :

« Je labourerai mes champs, affirme l'initié.

— Qui te les labourera ? demande un dieu.

— Ce sera le plus grand des dieux du ciel et de la terre ; on mènera (pour moi) la charrue avec le taureau Apis, qui préside à Saïs, et on moissonnera pour moi avec Seth, maître du ciel du Nord. »

Ce labourage céleste est également évoqué dans un autre passage du *Livre des morts* (chap. 99) : « Celui qui connaît cette formule, est-il affirmé, il pourra sortir dans le champ des souchets ; on lui donnera gâteau, cruche de bière et pain de dessus l'autel du grand dieu, et un champ d'un aroure d'orge et de blé ; et ce seront les serviteurs d'Horus qui le moissonneront ; il pourra consommer de cet orge et de ce blé, il pourra s'en frotter les chairs, et ses membres seront (ceux de) ces dieux. »

L'agriculture, mode de divinisation, est complétée par la domestication des animaux. C'est le Roi en personne qui dirige cette activité ; en effet, domestiquer les animaux sauvages pris à la chasse équivaut à ramener dans l'ordre ce qui était encore chaotique et informel. L'instinct animal, une fois dispersé, devient source d'énergie.

L'ensemble des disciplines scientifiques s'unifie par le « calendrier » des fêtes et les rituels célébrés à l'échelle de la communauté égyptienne. Lors de la fête, les divinités sortent du temple et se manifestent à tous. Chaque homme est à sa place dans l'ordre maintenu par le Roi, chacun exerce sa fonction « scientifique » pour accroître le potentiel de conscience. Cette base posée, il s'ensuit que l'éducation, conçue comme la transmission d'une science de l'esprit, est une discipline rigoureuse.

Cette éducation sacrée, qui est une préparation à la vie en esprit, a été formulée avec la plus grande minutie par le grand vizir Ptahhotep dont nous reprendrons quelques maximes. Un fils qui obéit, écrit-il, est un serviteur de Dieu. Cette obéissance n'est pas soumission aveugle mais reconnaissance de la réalité qui crée le monde. Pour atteindre une bonne condition, le fils obéissant devra échapper au mal par excellence, au vice incurable qui est l'avidité jointe à l'avarice. L'homme qui veut garder pour lui son expérience intérieure et celui qui cherche à voler l'expérience d'autrui pour son seul bénéfice sont également condamnés à l'ignorance la plus douloureuse.

De tels personnages sont fatalement des passionnés et des querelleurs. Comment abaisser celui qui « parle mal », c'est-à-dire le polémiste ? En ne se passionnant pas contre lui, en ne s'opposant pas à ses critiques. Son erreur se dévoilera d'elle-même, et on dira de lui qu'il est incapable de percevoir les lois divines.

Surtout, nous demande Ptahhotep, « ne dis pas une fois une chose, et une fois une autre ; ne confonds pas une chose avec une autre ». La Connaissance échappe aux dilettantes et aux imprécis ; elle réclame de notre esprit une attention constante, une grande rigueur dans notre démarche spirituelle. C'est pourquoi « Celui qui parle dans le conseil doit être un artiste ; la parole est plus difficile que tout autre travail. »

On reconnaît là la primauté du Verbe Créateur dont dispose l'homme connaissant. Cette science de l'Egypte ancienne, qui est avant tout une conscience des réalités spirituelles transcrites ensuite dans des techniques, repose sur le jaillissement de la Parole qui nomme les choses et les êtres. Les hiéroglyphes ont enregistré le Verbe dans ses multiples aspects et ils constituent l'essentiel de toute démarche scientifique, offrant à celui qui les étudie les principes fondamentaux de la réalité.

CHAPITRE VIII

LE MAITRE DE L'ETERNITE

« Puisses-tu aller vers l'escalier du Grand
(var. : le grand escalier)
Puisses-tu te rendre à la Grande cité,
Puisses-tu générer ta chaleur sur terre,
Puisses-tu devenir Osiris. »

(*CT* I, 12 a-d.)

« Salut à toi, Osiris, Maître de l'éternité, Roi des dieux, aux nombreux noms, aux transmutations (*Kheperou*) sacrées, aux formes secrètes dans les temples. »

En cinq qualificatifs brefs et précis se trouve ainsi défini le champ symbolique du dieu égyptien le plus célèbre, Osiris. C'est la stèle du Louvre n° C 286, datant de la XVIIIe dynastie, qui nous fournit ces indications, et c'est à travers ce document très complet que nous allons tenter de percevoir quelques-unes des fonctions osiriaques (1).

---

(1) Voir A. Moret, « La légende d'Osiris à l'époque thébaine d'après l'hymne à Osiris du Louvre », *Bulletin de l'Institut Français d'archéologie orientale* = Mélanges Loret II, 1930, p. 725-750. On pourrait, à partir de cette stèle, dresser le plan de toute une théologie osirienne en faisant appel à de nombreuses autres sources. Nous préférons nous en tenir à ce seul texte, car il représente un tout, un univers spirituel volontairement exprimé sous la forme qui nous est parvenue.

Comment peut-on, tout d'abord, justifier la « célébrité » d'Osiris dont le nom est familier même à ceux qui ignorent tout de l'Egypte ? La réponse semble être à la fois extérieure et intérieure à la civilisation pharaonique. Intérieure, parce que le terme « Osiris » prit au cours des âges une valeur globale s'appliquant à l'homme divinisé que l'on nommait « Osiris untel ». Ainsi, chacun pouvait devenir Osiris dans la mesure où il passait par les rites de purification et de renaissance. L'Osiris essentiel, cependant, est le Roi en personne en tant qu'il se présente comme son propre Père ; c'est lui qui, le premier, trace la voie osirienne qui est à la fois montée au ciel et descente aux enfers. Il est courant de lire, sous la plume des égyptologues, que l'initiation osirienne de Pharaon fut « démocratisée » au cours du Moyen-Empire de sorte que tous les Egyptiens, et pas seulement le roi, en fussent bénéficiaires. Cette interprétation nous paraît trop « moderniste », faisant dépendre les grands principes religieux de circonstances politiques auxquelles ils ne furent jamais assujettis d'une manière aussi simpliste. Sans qu'il soit possible de donner aujourd'hui une explication pleinement satisfaisante de ce « transfert » des rites osiriens, il est certain que c'est éternellement le Roi qui s'identifie à la divinité, même à travers l'homme individuel. A notre sens, c'est l'Osiris-Roi qui constitue l'accomplissement spirituel de chaque Egyptien, lequel peut ainsi participer de la grandeur déployée dans la théologie pharaonique de l'Ancien Empire. Plus que d'un « transfert », on pourrait parler d'une participation plus clairement exprimée à l'aventure osirienne

Quoi qu'il en soit, Osiris acquiert pour l'Egyptien une valeur fondamentale puisqu'il assume le rôle de juge divin devant la balance de Vérité. Face à lui, l'homme intérieur se dévoile complètement et met en rapport son action personnelle avec l'action universelle. Pour le peuple, Osiris est le « dieu bon » qui permet de franchir les barrières de l'inconnu et d'assurer une destinée posthume correspondant aux mérites personnels de chacun et à sa tenue morale. Par la force des choses, Osiris reçoit de plus en plus un potentiel d'affectivité et d'espérance qu'il restitue aux hommes sous la forme du réconfort. Cet aspect du dieu est certainement le moins profond et, aux époques troublées de la civilisation égyptienne, il s'enfla jusqu'à masquer les fonctions créatrices essentielles des autres divinités et d'Osiris lui-même. Nous parvenons ainsi aux prolongements qui sont, en quelque sorte, extérieurs à l'Egypte ; Osiris, devenant le Bien, le Bon, le dieu sensible aux souffrances humaines, finit par s'opposer au mal et aux ténèbres. Notons, au passage, que cette opposition ne fut jamais une donnée de l'authentique pensée égyptienne. C'est plutôt une déformation provenant des « grossissements » affectifs de la religion osiriaque décadente qui s'infiltra ensuite, sous des formes plus ou moins apparentes, dans un certain christianisme. De toutes les divinités égyptiennes, c'est Osiris qui paraît la plus accessible à l'occidental moderne parce qu'il retrouve en elle une sensibilité, une volonté tendue vers le bien et le juste, une notion de récompense et de faute que le judéo-christianisme a développées au maximum, dressant une barrière difficilement franchissable entre les religions chrétiennes et les religions de l'ancien monde. Ne regrettons pas cette déviation du sens profond d'Osiris, puisqu'elle est précisément le moyen d'abattre la barrière et de construire un pont entre notre mentalité et la spiritualité égyptienne ; tentons simplement de laisser derrière nous l'Osiris sentimental et d'entrer dans l'intelligence de l'Osiris divin.

Ce dernier est Maître de l'éternité et roi des dieux. Il détient donc la clé d'une plénitude qui unit conscience de l'intemporel et vie en royauté ; étant « âme de Rê », c'est-à-dire puissance de manifestation de la Lumière, il prolonge vers le monde des hommes la réalité divine où tout est transformation permanente. Les humains sont habitués à des formes apparemment fixes qu'ils peuvent définir ; le bœuf possède telle et telle caractéristique, le papyrus de même, etc... Certains croient que la pierre est inerte, d'autres constatent l'existence des plantes dont ils ne remarquent pas la lente croissance. Bref, les mouvements internes de chaque être, de chaque chose sont à ce point dilués dans le temps qu'il n'est pas facile de les connaître. Dans l'univers des dieux, en revanche, la loi des *kheperou*, des transformations, apparaît en pleine lumière. Osiris, dont les *kheperou* sont sacrés, nous introduit précisément dans ce réseau d'échanges énergétiques où les dieux communient entre eux par leurs Noms (leurs essences). C'est là, nous semble-t-il, un point essentiel de la religion osirienne ; offrir à l'homme le sens des métamorphoses incessantes qui se produisent dans la nature, à l'image des transmutations qui s'effectuent dans le ciel des dieux.

Après l'énumération de plusieurs villes saintes en rapport avec Osiris, la stèle nous offre un texte admirable sur la nature du Dieu :

« Primordial des Deux Terres en communion,
Nourriture, substance devant l'Ennéade
Esprit rayonnant bien assemblé parmi les esprits rayon-[nants,
C'est pour lui que l'Océan d'énergie primordiale tire son eau,
C'est pour lui que le vent du nord va vers le sud,
C'est pour son nez que le ciel met l'air au monde,
Pour que son cœur-conscience connaisse la plénitude.
Les plantes croissent grâce à son cœur-conscience,
La terre rayonnante donne naissance, pour lui, à la [nourriture,
Le ciel supérieur et les étoiles lui obéissent,
Les grandes portes s'ouvrent pour lui,
Le seigneur des mouvements de joie dans le ciel du sud,
Celui qui est vénéré dans le ciel du nord,
Les Indestructibles sont sous son autorité,
Les Infatigables sont ses demeures. »

Voilà probablement l'exemple type du texte égyptien achevé dans sa conception et dans sa rédaction, apparemment très clair et pourtant très énigmatique en raison de l'expression directe et concise des symboles utilisés. Si nous sommes intellectuellement honnêtes, reconnaissons que la lecture de ces quelques phrases ne présente aucune difficulté insurmontable pour notre raison d'Occidental du XXe siècle et que, pourtant, il en résulte une sensation étrange, comme si quelque chose d'important nous échappait. Ce ne sont ni une discussion philosophique, ni une discussion historique qui apporteront des éclaircissements substantiels sur la signification du texte. Nous sommes naturellement conduits à nous placer dans la situation du théologien égyptien luimême et à méditer sur la nature d'Osiris telle que la laissent entrevoir les développements symboliques de la stèle. Méthode inductive, certes, mais en existe-t-il une autre qui nous permette de participer à la démarche spirituelle de l'ancien rédacteur ? Celui-ci voulait-il imposer un dogme à « apprendre par cœur » ou, par le biais des images, nous inciter à découvrir en nous-mêmes la fonction osirienne ? Pour qui a rencontré la pensée égyptienne avec amour et respect, la voie du dogmatisme littéral est exclue ; la recherche d'une compréhension qui n'a l'intention ni de démontrer ni de convaincre paraît plus adéquate et, surtout, plus « transformatrice » pour reprendre l'idée-force du culte osirien.

« Primordial des Deux-Terres en communion » : Osiris est défini comme le troisième terme originel qui fait communier toute dualité avec le Un. Notons au passage que la structure philosophique moderne thèse+antithèse=synthèse est absolument étrangère à l'esprit des anciens Égyptiens. Pour eux, la « synthèse », l'élément global est ce qui se place avant toute chose. Osiris n'est pas le produit final de l'union des Deux Terres mais l'Être primordial qui existe avant leur naissance. C'est de lui que proviennent les substances nourricières dont ont besoin les « esprits rayonnants » pour préserver leur lumière intérieure. Le pouvoir d'Osiris s'explique par son « contact » direct avec l'Énergie primordiale dont l' « eau », c'est-à-dire la vibration, entretient la vie du dieu. Nous sommes en présence d'un Osiris cosmique qui n'est pas simplement un « dieu de la végétation » mais le principe créateur faisant que la végétation croisse et perdure. C'est par l'intermédiaire du corps symbolique d'Osiris que l'air et le vent continuent à animer la nature. Cet équilibre n'est d'ailleurs pas gratuit ; il a pour but de donner la plénitude au cœur-conscience d'Osiris. Il n'y a peut-être pas d'expression plus forte, en Egyptien ancien, pour désigner la Sagesse consciente. Non point une sagesse austère et froide, mais un

sentiment de chaude plénitude, l'impression d'avoir l'âme chargée d'expériences accomplies avec la plus grande pureté. Le terme *hotep*, qui s'applique aussi au coucher du soleil déployant mille couleurs sur le Nil, a la valeur d'un vécu non dissocié de la Connaissance. Que la nature entière célèbre la gloire d'Osiris, que les portes de l'univers s'ouvrent devant lui, que les étoiles indestructibles et les planètes infatigables soient ses fidèles serviteurs n'a rien de surprenant puisque Osiris est « seigneur des mouvements de joie ».
certaine manière, il régit cette joie universelle qui se manifeste par le déplacement des corps célestes et la croissance des corps terrestres. Il apparaît que le dieu n'est pas un banal « consolateur » attentif à des misères humaines qui ne le concernent pas mais l'initiateur à une joie de caractère intemporel où l'homme réalisé, tel le Roi, devient à son tour une étoile indestructible.

Telles sont les très élémentaires réflexions que nous suggère le texte qui passe ensuite aux caractéristiques du règne d'Osiris descendu sur terre. Certains attendraient l'exposé d'événements historiques ou l'analyse psychologique d'une grande figure. Mais l'Egypte ancienne estime que ni l'histoire ni la psychologie ne sont des sciences sacrées ; par conséquent, elles ne serviront pas de bases à la rédaction d'un texte important.

Qu'apprenons-nous ? Qu'Osiris remplit fidèlement ses devoirs envers son père Geb, qu'il établit fermement l'harmonie universelle dans tout le pays, qu'il vainc ses ennemis, qu'il se lève comme un astre sur le trône d'Égypte, qu'il est aimé des deux Ennéades. Voilà exposé le modèle symbolique de la Royauté qui se perpétuera à travers tous les pharaons rituellement intronisés. Osiris n'est pas un individu possesseur d'une biographie et de traits caractériels. Sa couronne, nous est-il dit, a séparé le ciel en deux parties, tout en fraternisant avec les étoiles. Comment mieux indiquer que la sève osirienne est d'origine non humaine, introduisant ainsi en tout homme une parcelle d'éternité dont il devra rendre compte devant la balance de Vérité ?

Le texte de la stèle se montre ensuite fort discret sur

l'assassinat d'Osiris et sur la recherche des parties de son corps démembré. Nous apprenons simplement qu'Isis mène à bien la reconstitution de l'Homme primordial par la vertu de sa « parole sans défaillance » qui écarte toute disharmonie. Celle qui cherche sans se lasser, incarnation de l'esprit rayonnant, recouvre le cadavre de ses ailes et lui redonne vie. Cette union de l'épouse vivante et de l'époux défunt atteint une extraordinaire grandeur où disparaît la frontière artificielle entre ce que les hommes nomment « vie » et « mort ». Lorsque naît Horus, fils du couple divin, c'est un nouveau Roi où sont à jamais liées vie et mort qui dirigera les destinées de l'Égypte. Ce « Maître des deux seigneurs », reconnu comme monarque légitime par le Maître universel et l'Ennéade, prend sous son autorité le ciel et la terre. Il fera don de l' « arbre de vie » aux trois « castes » de l'Égypte, les *Rekhyt*, les *Pat* et les *Henmmemet*, termes difficiles à traduire, quoique l'on puisse identifier les derniers comme des fidèles de la Lumière.

« Tous les hommes connaissent le bonheur, » poursuit le texte,

« Leurs cœurs sont dans la joie,
Leurs pensées dans l'allégresse.
Tous vénèrent ses possibilités de transformation jusqu'à la [perfection.
Combien doux est son amour en nous,
Ses grâces entourent les cœurs,
Grand est son amour dans toutes les poitrines. »

Les chemins sont ouverts et la joie éclate par l'intercession d'Osiris. Sous son règne, qui recommence avec la montée sur le trône de chaque pharaon, la terre est en paix. L'homme intérieur ne s'accuse plus lui-même de fautes imaginaires, car il pèse quotidiennement son action et sa pensée dans la balance de Maât. L'Osiris égyptien n'est pas seulement un « dieu bon » satisfaisant la sentimentalité humaine ; il est d'abord énergie cosmique qui se manifeste par l'énergie naturelle où chacun, selon l'intensité de son Œil, peut découvrir les lois de Sagesse.

CHAPITRE IX

L'ETRANGE AVENTURE DE SINOUHE

« Ma statue était plaquée d'or, avec une jupe en or fin : c'est Sa Majesté qui l'avait fait faire. Il n'y a pas d'homme du commun pour qui on en ait fait autant. Et j'ai été l'objet des faveurs royales jusqu'à ce que vînt le jour du trépas. »

(Trad. G. Lefebvre.)

Comme l'a montré l'orientaliste Heinrich Zimmer avec un art incomparable, les contes de toutes les anciennes nations véhiculent des valeurs symboliques reliées entre elles par un mystérieux réseau d'interférences (1). Dans ce type de littérature sacrée, les merveilles de l'imaginaire s'allient à la profondeur de la pensée qui s'expriment avec la plus grande liberté de style.

Les contes de l'Egypte ancienne occupent une place de premier ordre dans cet univers ; il était utile, nous semble-t-il, d'en retenir un pour illustrer l'un des aspects marquants de la pensée symbolique égyptienne. Notre choix s'est porté sur l'aventure de Sinouhé dont le nom signifie « fils du

---

(1) Pour l'analyse symbolique des contes, le meilleur guide est H. Zimmer qui expose sa méthode et donne d'admirables exemples dans *Le Roi et le Cadavre*, Fayard, 1972.

sycomore », arbre magnifique où certaines divinités élisent volontiers séjour.

Apparemment, il s'agit d'une histoire fort bien composée qui relate l'exil d'un dignitaire de la cour, ses mésaventures à l'étranger et son retour dans le pays natal. En lisant les traductions courantes, cependant, le lecteur éprouve un curieux sentiment. Les événements s'enchaînent d'une manière assez claire, certes, mais on a l'impression que quelques épisodes mériteraient des explications complémentaires. En fait, l'atmosphère symbolique du conte provoque de nombreux échos en nous-mêmes et fait appel à des idées-forces qu'il suggère pour nous permettre d' « aller plus loin ».

Relisons donc ensemble le conte de Sinouhé afin d'entrer directement en contact avec son étrange pèlerinage qui, peu à peu, deviendra aussi le nôtre.

En l'an trente du règne d'Amenemhat Ier, nous apprend Sinouhé, « Connu véritable du Roi », le troisième mois de la saison de l'inondation, le septième jour, le Roi d'Égypte monta vers le ciel et s'unit au disque.

Un esprit fermé au sacré en concluerait, d'une manière triviale, que Pharaon vient de mourir. Pour l'Égypte ancienne, la mort est une sorte d' « idée fausse », et le conteur respecte sa tradition en expliquant que « la chair du dieu se mêle à celui qui le crée ». Le Roi, dieu vivant, s'unit au Principe qui l'engendre. « Mort » est vraiment un terme inexact pour désigner cette communion cosmique où l'Essence du Pharaon retrouve l'unité primordiale d'où elle est issue.

Le Roi Amenemhat a donc quitté la terre d'Egypte, son corps d'individu s'estompe pour laisser place à la communion de son esprit avec l'Esprit.

Dans le palais règne un profond silence. La double grande porte est close, le peuple est dans l'anxiété. Lorsque le trône royal est vacant, l'équilibre du pays se trouve compromis. Qui, hormis Pharaon, pourrait orienter les pensées vers la Justesse ? Qui pourrait maintenir le « courant » entre le ciel et la terre ?

« La cour est dans l'état de la tête sur les genoux », personne ne sait que faire. Dans un instant, peut-être, tout s'effondrera ; le royaume d'Égypte, privé de tête, ne sera plus que ruines.

Par bonheur, le prince héritier Sésostris, occupé à guerroyer en Libye, est averti de la situation par un messager. Dès que Sésostris apprend la tragique nouvelle, « le faucon s'envole ». Le Roi est identifié à l'Horus de l'univers ; comme lui, il agit dans l'instant et, d'un jaillissement, franchit l'obstacle de l'espace et du temps.

C'est à ce moment d'incertitude qu'entre en scène le héros du conte, Sinouhé. Se trouvant là « par hasard », il entend un appel adressé à l'un des enfants royaux. « Mon cœur s'égara, dit-il, mes bras s'ouvrirent, un tremblement s'étant abattu sur tous mes membres. » Affolé, il se cache d'un bond entre deux buissons.

Lorsqu'on se souvient des analyses d'Otto sur la « venue » du sacré en l'homme, on reconnaît ici la description d'un « choc » de conscience ; Sinouhé accède brutalement à une forme de réalité inattendue, à un « espace » intérieur tout à fait insolite.

Le conte nous donne l'explication de cette métamorphose : Sinouhé vient d'être informé du plus grand scandale imaginable. Des factieux ont l'intention de briser la lignée royale légitime et d'introduire un maillon défectueux dans la chaîne des pharaons. Bref, ils fomentent un complot pour destituer le successeur désigné du pharaon défunt.

L'Homme royal qui sommeille en Sinouhé, comme en tout être humain, est alors agressé. La conception de l'univers telle que la magnifie l'empire pharaonique est mise en péril ; il ne s'agit pas d'une banale querelle dynastique mais d'une entreprise sacrilège risquant d'entraîner la perte irrémédiable de l'esprit.

Devant cet incroyable danger, Sinouhé se sent désarmé. Il n'est pas de taille à lutter seul contre l'usurpation. Incapable de puiser en lui-même les forces nécessaires au combat, il se réfugie dans une solution peu glorieuse : la fuite. Retourner à la cour, pense-t-il, le conduirait sans doute à la mort. Là-bas, des troubles sont probablement en train d'éclater, la tourmente doit déjà régner.

Sinouhé, dont l'attachement à la spiritualité traditionnelle est total, est contraint de s'exiler. Il décide d'entreprendre un long voyage vers l'inconnu, un pèlerinage vers une vérité qui fuit devant ses yeux.

Le monde ordonné s'estompe, la hiérarchie des valeurs vacille. Pour reconquérir l'harmonie perdue, Sinouhé se dirige vers une série d'épreuves qui feront peut-être de lui un homme nouveau.

« Je traversai le Maâty », nous apprend-il. Ce terme, Maâty, désigne une étendue d'eau qui est probablement le lac Mariout. Mais la perspective du conte n'est pas seulement géographique ; Sinouhé franchit l'épreuve de l'eau en s'imprégnant de Maât, la Justice universelle. Le voyageur désemparé « rencontre » une substance cosmique qui lui permet ensuite d'arriver à l'île de Snéfrou, lieu où il apprend à se parfaire en suivant la voie des transformations. Le terme *Snfr,* en effet, fait allusion à une profonde mutation qui rend l'être ou la chose concernés capables de se situer sur un chemin de perfection. L'île de Snéfrou correspond au premier « moment » important du voyage de Sinouhé ; en lui sont déposés les germes de la vérité et de l'harmonie, germes qu'il aura pour tâche de conduire à leur épanouissement.

« Je rencontrai un homme qui se tenait debout à l'entrée du chemin, déclare Sinouhé. Il ne montra du respect. »

Cette évocation très énigmatique est certainement l'une des clefs majeures du conte. De plus, elle est suivie d'une courte phrase que certains rendent par « moi qui avais peur de lui » et d'autres par « il eut peur ». Par ailleurs, le verbe *ter,* ordinairement rendu par « il me montra du respect » ou « il me salua avec déférence » est un terme marquant du vocabulaire religieux. Dans les enseignements de Merikare, par exemple, il doit être traduit par « adorer Dieu ».

Sur la route de l'exil, au détour de l'aventure, un inconnu vénère la personne de Sinouhé. Non pas l'individu mortel qui a élu domicile dans le corps du voyageur, mais la parcelle d'immortalité et de sagesse qui fut déposée en Sinouhé après sa découverte du lac de vérité et de l'île du « perfectionnement ».

Dans beaucoup de contes d'Orient et d'Occident surgit ce mystérieux personnage qui a pour mission de révéler le voyageur à lui-même. Emanation directe du sacré, il est l'initiateur par excellence et provoque une crainte salutaire dans l'âme de son interlocuteur ; l'effroi de Sinouhé n'est pas seulement un « mouvement » affectif, mais aussi une impulsion extraordinaire vers un but encore inconscient : retrouver sa condition d'Égyptien, c'est-à-dire d'homme vivant en conformité avec une tradition spirituelle qui est sa principale raison de vivre.

Après cette rencontre avec l'initiateur dont le nom demeure inconnu, Sinouhé atteint la ville de Negaou et traverse le Nil dans un chaland dépourvu de gouvernail. C'est le vent d'ouest qui guide l'embarcation ; Sinouhé, tel un adepte du Tao, se « laisse faire », s'abandonne au « cours des choses » sans lui opposer sa volonté propre.

C'est pourquoi il passe à l'est de la carrière de pierres qui est au-dessus de la « Maîtresse de la Montagne Rouge ». Cette brève allusion à l'un des matériaux de construction des temples prouve, semble-t-il, que Sinouhé le voyageur découvre en lui la « matière première » indispensable à l'édification de son sanctuaire intérieur.

Tout est en lui : l'esprit de vérité, la possibilité de perfection, la capacité de se construire selon des directives divines. Hathor, « Maîtresse de la Montagne Rouge », est le principe qui fait coexister harmonieusement ces diverses qualités en les gravant dans la conscience de Sinouhé. A présent, ce dernier est prêt à affronter le monde de la multiplicité et les combats les plus divers.

Sinouhé « donne de la route à ses pieds » et, après avoir évité une forteresse, ressent soudain une soif intense. Cet incident se transforme en drame : « Ma gorge était sèche. Je dis : c'est le goût de la mort. J'élevai mon cœur, je tirai ensemble (=rassemblai) ma chair, j'entendis la voix-mugissement d'un troupeau, je vis des Setiou (des Bédouins) ».

Sinouhé touche le fond de sa solitude et affronte l'ultime

épreuve d'une sensibilité encore à vif. Il meurt à une apparence de lui-même, précisément parce qu'il a « soif » d'autre chose, soif d'une certitude dont la révélation passe par la souffrance.

C'est un chef de Bédouins qui accueille Sinouhé au sortir de cette épreuve décisive. Un non-Égyptien, par conséquent, un nomade qui ne fait pas partie de l'ordre social. Sinouhé apprend à vivre avec « l'autre », avec l'homme d'un monde mouvant qui l'oblige à se détacher de son passé et de ses partis pris trop facilement acquis.

« Un pays me donna à un autre pays », nous confie Sinouhé, résumant ainsi ses multiples expériences jusqu'à la rencontre avec un certain Amounenshi, prince du Retenou supérieur. « Tu seras heureux avec moi, lui dit-il, tu entendras la parole de l'Egypte. » Des Egyptiens se trouvent effectivement en compagnie du Prince et tous font l'éloge de Sinouhé. Mais Amounenshi pose une question délicate : Pourquoi Sinouhé se trouve-t-il à cet endroit ? Des événements graves se seraient-ils produits à la cour de pharaon ? Que signifie cet exil ?

Sinouhé est embarrassé. Il avoue que le roi est mort, que personne ne pouvait prévoir l'évolution de la situation. « Puis, déclare-t-il, je dis en tant que mensonge : je retournai d'une expédition de la terre des Timihiou ; on me fit un rapport : mon cœur-conscience fut dans un état de tremblement, mon cœur n'était plus dans mon corps, il m'emmena sur la route des plateaux désertiques. Je ne fus pas mis en question. On ne cracha pas sur mon visage. Je n'ai pas entendu de discours mauvais. Mon nom n'a pas été entendu dans la bouche du héraut. Je ne connais pas celui qui m'a amené vers ce pays. C'est comme un dessein (ou : « quelque chose qui rend connaissant ») de Dieu. »

Avec un bel aplomb, Sinouhé garde le silence sur sa fuite et affirme que son renom est demeuré intact en Egypte. Croyant mentir, il attribue à Dieu l'origine de son aventure. En réalité, cette déclaration « mensongère » reflète bien la vérité, une vérité dont Sinouhé ne perçoit pas toute l'étendue. Il se présente au prince étranger comme une sorte d'ambassadeur extraordinaire parfaitement au courant des affaires intérieures de son pays ; il explique à son interlocuteur que le successeur de l'ancien pharaon est bien un dieu vivant, un maître de sagesse excellent quant aux conseils et parfait quant aux commandements. S'éloignant de sa propre personne, Sinouhé expose de grands principes de la théologie pharaonique. Pharaon est « Maître du Charme », au sens magique du terme, il est conquérant « dans l'œuf » ; il est « l'Unique du don de Dieu », « celui qui multiplie les-nés-avec-lui ».

D'un mensonge volontaire, nous passons ainsi à l'évocation des plus grandes vérités symboliques. Sinouhé est capable de parler du Roi parce qu'il porte la royauté en lui.

Le Prince étranger, impressionné par l'éloquence du voyageur, lui offre sa fille en mariage et lui octroie l'excellente terre d'Iaa où abondent la vigne, les figues, le miel et tant d'autres richesses. Jouissant de ce paradis, Sinouhé devient chef d'une des meilleures tribus du pays.

De nombreuses années s'écoulent. A l'inconnu succèdent le bonheur et la fortune. Les enfants de l'exilé deviennent à leur tour chefs de tribus, tous les voyageurs rendent hommage à Sinouhé en faisant halte sur ses terres. Pourtant, cette aisance ne semble pas réduire Sinouhé à la stérilité spirituelle. « Je donne de l'eau à l'assoiffé, proclame-t-il, je place l'égaré sur le chemin, je sauve celui qui est pillé. »

Le voyageur a trouvé un point fixe. Ses « déambulations » ont cessé, il est maintenant un « centre » autour duquel se rassemblent les « étrangers ». Stabilité très relative, en vérité ; Sinouhé aide ses hôtes à lutter contre l'adversaire, il conseille leurs armées, favorise la victoire. Mais il demeure l'Égyptien, l'homme d'ailleurs. Dans ces circonstances, le risque d'échec est immense : les « parcelles » de sagesse et de vérité acquises au cours des épreuves relatées au début du conte seront bientôt détruites par une torpeur qui conduit Sinouhé vers le néant. Jamais il ne pourra renier le « génie » égyptien, jamais il ne pourra devenir Bédouin. Sa réussite matérielle, éclatante aux yeux d'autrui, entraîne une situation fausse qui doit fatalement aboutir à la déchéance ou à une nouvelle épreuve, plus difficile que les précédentes.

Surgit alors une sorte de Goliath fermement décidé à tuer Sinouhé. « Vint un Puissant du Retenou, relate l'Egyptien ; il me provoqua dans ma tente. C'est un champion, non existant est son second. »

Sinouhé s'étonne. Il ne connaît pas cet homme, il n'a jamais ouvert sa porte, jamais renversé ses murs. A son avis, le provocateur est un « cœur-malade », rongé par la jalousie.

Puisqu'il en est ainsi, Sinouhé combattra. Pendant la nuit, il prépare arc et épée, et s'exerce au lancer des flèches. Donnant de l'éclat à ses armes, il vit une véritable veillée chevaleresque avant le combat avec l'Ennemi par excellence : lui-même. Notre interprétation peut paraître surprenante, mais, selon la symbolique générale des contes, il est possible que ce « Puissant du Retenou » ne soit autre que l'ensemble des entraves de Sinouhé, la projection de ses drames intérieurs soigneusement recouverts par la prospérité matérielle d'un moment.

Lorsque la terre s'éclaira, l'ennemi était prêt. Son peuple est présent. Tous les cœurs brûlent pour Sinouhé, tous les cœurs sont peinés pour lui. Il est clair que le combat est inégal.

L'Ennemi attaque à la hache, brandit son bouclier, lance ses javelots ; Sinouhé, jouant de sa vélocité, échappe aux assauts. Un coup de maître lui permet de planter une flèche dans le cou de son adversaire. Le Puissant du Retenou s'effondre ; Sinouhé, usant de la propre hache du vaincu, l'achève et pousse un cri de victoire. Tel David vainqueur de Goliath, Sinouhé atteint le faîte de sa puissance : il acquiert de nouvelles richesses, son renom s'accroît encore.

Mais Sinouhé l'Égyptien n'est plus esclave de l'apparence. Après le duel, son esprit s'oriente de nouveau vers la source qui l'a conçu. « Dieu, quel que tu sois, s'exclame Sinouhé, place-moi en direction de la Cour (d'Égypte), fais que je voie le lieu où mon cœur-conscience n'a cessé d'être. Ce qui s'est produit est un heureux événement. »

Le héros ressent une immense lassitude, ses yeux sont lourds, ses bras sont faibles, ses jambes n'ont plus de force. « Que mon corps rajeunisse, supplie-t-il, car je suis proche du départ. »

L'exilé se prépare à la mort souveraine, à l'entrée en Éternité selon les rites ancestraux de la symbolique égyptienne. Lorsque le Sage est « divinisé » par le rituel de renaissance, ses membres sont à nouveau pleins de vie, sa pensée est de nouveau située à l'origine des mondes. C'est à cette plénitude millénaire qu'aspire le voyageur, c'est cet épanouissement intérieur qu'il préfère à son bonheur de notable en exil.

Par miracle, Pharaon entend ce cri dans le désert. Miracle pour l'homme rationnel, conséquence normale pour l'homme intuitif. C'est le pharaon sommeillant en Sinouhé qui répond à son appel ou, si l'on préfère, l'idée de royauté.

Sinouhé reçoit l'ordre écrit émanant du palais : Pharaon exige le retour de son Compagnon Sinouhé. Le Roi connaît ses voyages ; sa décision de fuir l'Egypte, constate-t-il, fut imposée à l'exilé par son propre cœur mais elle n'existait pas dans le cœur de Pharaon. Reviens, demande le Roi à Sinouhé. Pour toi sera célébré le rite qui t'immortalisera, pour toi seront utilisées huiles et bandelettes. Ton cercueil sera en or, un ciel sera placé au-dessus de toi dans ton sarcophage, tes colonnes seront construites en pierre blanche au milieu des enfants royaux.

Lorsque Sinouhé reçoit la missive, il se trouve dans sa tribu, chez les « étrangers ». L'impact est violent ; l'exilé se met sur son ventre, il touche le sol et admet que son cœur l'a conduit sur un chemin sans issue.

Qui est responsable de la fuite de Sinouhé ? C'est un mystère insondable que nul ne peut éclairer. Sans doute est-ce une intention divine qui entraîna le fidèle serviteur sur le chemin de l'aventure afin de lui faire mesurer l'étendue de son imperfection. Sinouhé a vécu la peur et la souffrance, il a affronté ses propres insuffisances et l' « appel » de la Connaissance a jailli en lui.

De retour en Égypte, Sinouhé peut enfin contempler la source de toute vie, Pharaon assis sur un trône d'or. Alors, le voyageur s'évanouit. Il meurt à son existence passée, « perd la connaissance » de son ancien « moi » et renaît à la vision de l'éternelle réalité où, comme il l'affirme lui-même, la vie n'est plus distincte de la mort. Il devient l'homme silencieux qui ne parle plus inutilement et dont on prononce le Nom, symbole d'accomplissement ; sa propre vie ne lui appartient plus, elle provient du Roi et retourne en lui.

Répondant au souhait de Pharaon, la couronne du Sud descend le courant vers le Nord et la couronne du Nord remonte le courant vers le Sud, de sorte qu'elles s'assemblent et reconstituent l'unité au-delà des contraires.

Parfaitement serein, Sinouhé attend l'ultime consécration. Il vit par et pour les rites, rayonnant cette sagesse transmise par les sages d'Egypte.

Ainsi se termine le conte. L'homme évoluait dans un monde de lumière, mais il l'ignorait ; c'est un événement tragique qui rompt cette fausse sécurité et l'entraîne sur des chemins périlleux où il risque de perdre son âme. La voie du danger est aussi la voie du salut ; en franchissant des obstacles extérieurs et intérieurs, l'homme apprend peu à peu à se connaître et, plus encore, à connaître la vérité immortelle qui gît en sa conscience.

C'est dans un univers étranger que Sinouhé l'Égyptien découvre l'Égypte ; un instant tenté de s'anéantir dans le sommeil de la réussite extérieure, il retrouve la force originelle pour affronter l'Ennemi. Vainqueur, il permet à son cœur-conscience de s'exprimer avec toute la puissance nécessaire pour retrouver l'Origine.

CHAPITRE X

LA TOUTE-PUISSANCE DE L'ŒIL

« O ces sept paroles
Qui portez la balance
Cette nuit
Où l'on compte l'Œil sacré...
Je vous connais,
Je connais vos noms.
Remettez-moi le sceptre de vie
Qui est dans votre main. »

Livre des Morts, chapitre 71.

L'Œil est un point central de la symbolique égyptienne. Il préside à la formation du macrocosme et du microcosme, étant à la fois l'Œil « universel » qui crée à chaque instant la totalité des lois du cosmos et celui qui voit la parcelle vivante la plus infime. Comme il ressort des textes, cet Œil sacré se trouve au centre de la vie et de la lumière.

Les écrits insistant sur la fonction créatrice de l'Œil abondent ; citons l'un d'entre eux qui illustre sa toute-puissance :

« Tu es Rê
Qui apparais dans le ciel,
Qui illumine la terre avec les perfections
De ton Œil étincelant,
Qui es sorti du Noun,
Qui es apparu au-dessus de l'eau primitive,

Qui as créé chaque chose,
Qui as formé la grande Ennéade des dieux,
Qui s'est engendré dans ses propres formes » (1).

On notera que « l'Œil étincelant » est nommé avant tous les autres modes de Création utilisés par Dieu. De plus, un texte amarnien apporte cette étonnante précision : « (Tes) rayons, est-il dit à la divinité, créent des yeux à tout ce que tu façonnes » (*BdE* 33, 157-8). Chaque être vivant ou « inanimé » est donc un œil de Dieu, un regard du créateur projeté sur ce monde.

La constatation est importante ; dans toutes ses activités, l'homme attentif rencontre les yeux de Dieu sous de multiples formes et accomplit une expérience spirituelle d'autant plus profonde que son regard sur la vie est plus aigu. La symbolique de l'Œil nous enseigne que le divin est partout présent ici-bas et que nous avons d'innombrables occasions de l'identifier.

Base de toute création, l'Œil est également la « pierre d'angle » du temple qui enregistre les aspects essentiels de la divinité. Un très beau texte évoque ainsi les rapports de l'Œil et de la cité thébaine :

« La déesse approcha de Thèbes,
L'Œil de Rê,
Enceinte de la pupille de l'Œil de vie.
Alors, son Père, le Noun (L'Océan primordial)
Le primordial des deux pays,
Vint à elle.
Il éteignit la flamme de Sa Majesté,
Et lui fit une étendue d'eau sur tous ses côtés.
Elle reçut, désormais apaisée,
Sa demeure, Achérou la Grande » (*BIFAO* 62, 51.).

---

(1) Cf. A. Varille, *Inscriptions concernant l'architecte Amenhotep fils de Hapou*, Bibliothèque d'Etude XLIV, Le Caire, 1968, p. 14-15.

L'Achérou, partie symbolique de l'ensemble de Karnak, protège la divinité à la manière d'une enceinte magique et dépend étroitement de la déesse Mout. L'Œil, directement en contact avec l'Océan primordial, dompte les flammes destructrices qui menaceraient la sérénité du temple. L'Œil veille sur la réserve d'eau, image de l'énergie cosmique au contact de laquelle les prêtres viennent se régénérer chaque matin.

C'est au chanoine Etienne Drioton que l'on doit une étude remarquable sur l'identité du temple (plus particulièrement de Thèbes) avec l'Œil. « Rê, chef des dieux, dit un texte, est au milieu de l'Œil droit, complet dans ses éléments... Ce qu'est Thèbes, Médamoud l'est : l'œil complet... du fait que Sa Majesté (Amon-Rê) est au nombre des cinq dieux qui font exister Thèbes comme un œil droit complet. » La ville sacrée d'Amon, Thèbes, est donc considérée comme un Œil complet ; cette tradition symbolique est très ancienne, puisqu'on en retrouve les traces dans le plus ancien « corpus » égyptien, les *Textes des Pyramides*. « Lorsque l'architecte de Médamoud, écrit Drioton, élevait, à la dernière période de la civilisation égyptienne, un ensemble de sanctuaires qui prétendent représenter Thèbes en dessinant un Œil divin, il traduisait dans la pierre un symbolisme mystique remontant aux origines mêmes de cette civilisation. » (2).

Dans ces conditions, le temple peut être assimilé à un Œil gigantesque ouvert sur le monde, un Œil porteur des potentialités divines qui sont alors à notre portée. Si nous savons regarder l'Œil du Temple ou, selon l'expression d'autres traditions, « l'Œil du cœur », notre regard n'est plus « centré » sur le périssable mais sur l'impérissable.

Dieu, nous apprend la tradition égyptienne, a soulevé le ciel pour en faire la course de ses deux yeux, la terre pour en faire l'aire de sa splendeur, et tout cela pour que chaque homme reconnaisse son frère. Il s'agit ici d'une fraternité qui dépasse les limites humaines et s'étend au cosmos entier

---

(2) Voir Drioton, *La Protection magique de Thèbes à l'époque des Ptolémées*, in *L'Ethnographie*, 1931.

par la connaissance de l'œil droit de la lumière, symbolisé par la barque de la nuit, et de l'œil gauche de la lumière, symbolisé par la barque du jour. Ces barques parcourent sans cesse les immensités célestes et se présentent comme les yeux d'un Œil unique qui est Rê dans son aspect divin et non dans sa manifestation sous forme de soleil.

Cette réalité à l'échelon de l'univers peut être vécu à l'échelon humain par le rituel de la toilette. Le fard vert, en effet, maintient en bonne santé l'œil droit analogue au soleil et le fard noir l'œil gauche analogue à la lune. Ces simples produits sont les ultimes concrétisations du grand rituel céleste où les yeux de la divinité remplissent quotidiennement leur fonction.

Si l'alternance des yeux régit les phénomènes naturels, il existe cependant une présence tangible de l'Œil unique sur cette terre. Cette présence est symbolisée par l'Uraeus frontal de Pharaon, nommée « Celle qui est grande de magie ». Située au centre du front de l'homme royal, l'uraeus est à la fois « Œil de Rê » et « Œil d'Horus », faisant du Roi son propre père et son propre fils. Aussi l'Œil de Pharaon brille-t-il plus que les étoiles du ciel et voit-il mieux que le disque solaire.

« Quand Horus apparaît, dit un cérémonial,
Etant satisfait de son Œil,
Puissant est l'Œil sain issu d'Osiris,
Noble est la tête dont les yeux illuminent. »
(Goyon, *Cérémonial,* 59.)

La face divine est identique à celle de Pharaon, véritable « tête » de l'Egypte :

« Noble est ta tête
Comme celle du fils d'Isis,
Pharaon !
Tes yeux sont les yeux des dieux,
C'est toi qui éclaires le pays tout entier,
Qui dissipes l'obscurité pour le genre humain,

Lorsque tu apparais,
Pourvu du pouvoir magique,
Pharaon ! » (*o.c.*)

Dans certaines de ses prières, l'Égyptien demande des yeux pour voir Amon, le principe caché, et Maât, l'harmonie divine. « C'est pour contempler une divinité, écrit Deveria, la connaissance des choses divines et la solution des ténèbres qui bornent son intelligence. » (3). Comme l'individu n'est jamais laissé à lui-même, l'architecture de la société lui offre le moyen de dépasser ses obstacles ; les « fonctionnaires », c'est-à-dire les hommes en fonction qui aident Pharaon dans l'accomplissement de sa tâche, sont nommés « yeux et oreilles du Roi ».

Par leur intermédiaire, il est possible de voir et d'entendre la réalité sacrée. Le conseil des « amis » de Pharaon est symboliquement son corps dont chaque fonctionnaire est une partie reliée à toutes les autres.

Avant d'aborder les grands mythes qui traitent de la toute-puissance de l'œil, nous voudrions signaler trois incidences symboliques qui, pour être marginales, sont cependant dignes d'intérêt. La première est le nom de la pupille tel qu'on le trouve dans les textes des pyramides, à savoir « la jeune fille qui est dans l'œil ». *Korê,* en grec, et *pupilla,* en latin, ont exactement le même sens. Au centre de l'œil, par conséquent, se situe la Femme dans son aspect créateur. En poursuivant l'étude dans cette direction, on pourrait sans doute éclairer d'un jour nouveau le thème des vierges mères.

L'Œil est aussi le gardien de la justice. Selon un texte gréco-égyptien analysé par Derchain, il existe un moyen infaillible d'arrêter un voleur : on dessine un œil complet (l'*oudjat*) sur un mur, on le frappe d'un marteau taillé dans le bois d'un gibet et on ordonne à l'œil de livrer le voleur.

(3) T. Deveria, *Des oreilles et des yeux dans le symbolisme de l'ancienne Egypte,* Mémoires et Fragments, Paris, 1896, tome I, p. 147-157.

L'œil parle, et l'on peut ainsi rétablir la justice. Le thème, explique Derchain (*ZAS* 83, 75-6), est traité à deux niveaux : celui de l'Œil divin à qui rien n'échappe et celui de l'œil identifié au voleur qui est aveuglé par les coups. On trouve là l'origine du « mauvais » œil des traditions plus tardives, mais il faut rappeler que, dans la tombe d'Amonemouia, l'Œil sacré occupe la place habituelle de Maât dans un plateau de la balance.

Enfin, sur un tissu copte, l'Œil est inscrit dans un triangle (*RdE* 7, 190-3). Deux interprétations ont été proposées : il s'agit soit du triangle sacré et de l'œil du Père éternel, soit de l'ancien Œil bénéfique de la symbolique égyptienne. Il nous semble que ces deux analyses sont parfaitement complémentaires et que, dans les deux cas, c'est l'idée de la Création primordiale qui est envisagée.

Après ces digressions destinées à compléter le champ symbolique de l'Œil, attachons-nous maintenant à la blessure et à la restauration de l'Œil.

L'Œil peut être blessé, le regard que Dieu ouvre sur le monde peut être amoindri. Cet immense drame cosmique se produit pendant la lutte des deux frères, Horus et Seth. Leur conflit est si violent que Seth blesse gravement l'œil d'Horus. Rien n'est perdu, cependant, car l'action rituelle de l'homme permet de reconstituer l'Œil intégral et de lui redonner santé et vigueur.

Le prête-*sem*, vêtu d'une peau de panthère, participe aux rituels initiatiques les plus marquants. C'est lui qui déclare : « J'ai retiré cet Œil de sa gueule et j'ai arraché sa cuisse. O Untel ! (s'adressant à l'initié) J'ai marqué cet œil (à ton nom) pour que tu sois animé par lui » (Goyon, *Rituels*, 120). Le nom de l'initié, sa réalité immortelle, est indissociable de l'Œil retrouvé et guéri. A chaque nouveau combat entre Horus et Seth, le drame se reproduit, l'incertitude réapparaît ; de nouveau, il faudra retrouver l'Œil perdu.

Et le meilleur chemin pour y parvenir consiste à célébrer l'offrande, car toute offrande est identifiée à l'Œil d'Horus. Pour nous, la seule façon de vivre un regard juste sur la vie est de faire l'offrande, de pratiquer la magie du don de soi.

Lorsque le roi d'Égypte, symbole de l'Homme accompli, monte sur le trône, il met au présent l'héritage d'Horus qui s'incarne dans la personne du nouveau monarque. Le Roi est consacré parce qu'il a orienté la recherche de l'Œil perdu et qu'il a réussi à le retrouver. C'est pourquoi l'uraeus apparaît à son front, image vivante de l'Œil régénéré (4). Lors de la cérémonie finale du Nouvel An, on amène un faucon vivant, l'oiseau d'Horus. Le célébrant prélève un peu du liquide lacrymal de l'œil gauche et ce liquide devient une larme d'Horus. Avec elle, le fauconnier oint le bijou d'or en forme de faucon qui est destiné au Pharaon.

Le cycle est complet : Pharaon met en œuvre la sauvegarde de l'Œil blessé, l'Œil reconstitué donne la vie au roi. Un symbole extraordinaire perpétue quotidiennement le mythe lors de l'ouverture des portes du naos dont la serrure est l'Œil d'Horus et le verrou le doigt de Seth. Tantôt en contact, tantôt dissociés, les deux frères divins sont inséparables l'un de l'autre et c'est l'unique prêtre des Égyptiens, le Roi, qui veille à l'harmonie de l'alternance.

Un autre rite nous apprend que les dieux Thot et Shou tendent un grand filet pour pêcher l'Œil complet (l'*Oudjat*). Shou commente son action en ces termes : « Je soulève ton mystère, Lune Osiris, qui précise au ciel... J'ai étendu mes deux bras derrière toi comme un filet et j'ai fait resplendir ton image sainte au ciel. Tu es comme la lune qui rajeunit chaque jour, qui renouvelle son illumination sans fin. » Et Thot complète ainsi ces paroles : « Je soulève ton mystère, Roi des dieux, et j'équipe ton Œil de ce qui lui revient » (5). Cette « pêche de l'Œil », d'une certaine manière, consiste à faire renaître l'élément créateur en l'extrayant de la substance indifférenciée. Thot et Shou contribuent à la manifestation du sacré, et l'Œil s'élève au-dessus des contingences matérielles pour rayonner sur notre monde. Notons aussi que,

---

(4) Cf. G. Rudnitzky, *Die Aussage über das Auge des Horus*, Analecta Aegyptiaca, vol. V, 1956.

(5) Voir P. Derchain, *La Pêche de l'œil et les mystères d'Osiris à Dendara,* RdE tome 15, 1963, p. 11-25.

selon un mythe parallèle, c'est le lotus qui plonge au fond de l'eau afin de chercher l'Œil qu'il ramène à la surface. Dans la thématique chrétienne, l'aventure de Jonas se rapproche de cette aventure qui entraîne l'esprit à « plonger » au-dessous de la surface des choses pour connaître les potentialités cachées de la matière.

Si les dieux occupent le premier plan lors des rites de sauvegarde de l'Œil, il n'en est pas moins vrai que la tâche de l'homme est, elle aussi, considérable. Plus il déploie son énergie pour sauver l'Œil, plus il devient réel. « Je complète ton visage avec l'onguent provenant de l'Œil d'Horus, proclame l'initié, ce par quoi il fut complété ! Il rattache tes os, il rassemble tes membres, il réunit tes chairs et dissipe tes maux ! Quand il t'enveloppe, son agréable odeur est sur toi, comme sur Rê lorsqu'il sort de l'horizon ! » (Goyon, *Rituels*, 150.) Dans ce texte, l'Œil est lié au parfum. Les deux symboles évoquent l'immatériel, le subtil, le dynamisme qui permet à l'homme de se ré-unir.

Comme les dieux, l'initié part à la recherche de l'Œil :

« J'ai embrassé le sycomore,
Le sycomore m'a protégé,
Les portes de la Douat m'ont été ouvertes,
Je suis venu chercher l'Œil sacré,
Je sais qu'il repose à sa place. » (*LdM*,ch. 64.)

Lorsque l'Œil « repose à sa place », la flamme naît. Déjà, dans le naos, les yeux du dieu qui s'éveille répandent des flammes et purifient le monde ; de plus, lorsqu'on procède au rite « allumer le feu », ce dernier est identifié, dans la liturgie du temple, à l'Œil d'Horus guéri de ses blessures (6). Quand l'homme ouvre son Œil intérieur sur sa réalité divine, il provoque la naissance de ce feu incorporel qui est à l'origine de toutes les mutations spirituelles.

---

(6) Cf. J. G. Griffiths, *The Horus-Seth Motif in the daily Temple Liturgy*, Aegyptus 38, p. 8, note 3.

L'Égypte n'admet aucune excuse à l'inattention. A tous les échelons, qu'il s'agisse de la mythologie, de la société humaine ou de la nature, la restauration de l'Œil s'impose comme une nécessité vitale.

Songeons, par exemple, à la déesse Isis, seule près du reliquaire qu'elle a enfin découvert après une longue Quête. Lorsqu'elle l'ouvre, elle contemple le Grand Dieu et se prosterne devant lui. Jusqu'à présent, dit la déesse, mes yeux étaient fermés. Maintenant, par le regard échangé avec Dieu, ils voient jusqu'aux quatre bornes de l'horizon. Le deuil et la tristesse s'estompent, un dialogue s'engage avec la divinité. Songeons aussi aux « Boîtes d'Horus » en pierre qui contiennent les yeux d'Horus et dont Seth parvient à s'emparer. C'est Anubis, sous la forme d'un serpent ailé, qui les récupère. Il place alors les boîtes dans une montagne où les yeux font pousser un vignoble. Isis crée un sanctuaire à cet endroit et verse rituellement de l'eau afin de ressusciter les yeux. Enfin, elle demande au dieu Rê d'offrir à Horus les yeux ressuscités pour qu'il puisse apparaître sur le trône de son Père. « Le vignoble est assimilé aux orbites des yeux ; la vigne est la pupille de l'Œil d'Horus ; enfin le vin qu'on fait avec les grappes de ces vignes, ce sont les larmes d'Horus. » (7)

De la quête d'Isis à la culture de la vigne, la symbolique de l'Œil anime la vision spirituelle de l'ancienne Égypte. C'est de l'Œil qu'on tire les mesures et les proportions, mais une précision capitale doit être apportée : l'Œil d'Horus enlevé par Seth était composé de six parties, à savoir les fractions 1/2, 1/4, 1/8, 1/16, 1 32, 1/64. Mais lorsqu'on additionne ces six parties pour reconstituer l'Œil complet, on obtient seulement 63/64. Il manque donc 1/64, cette infime partie souvent essentielle qui équivaut à la partie manquante du corps d'Osiris.

Cette parcelle éternellement perdue n'est pas à la portée des hommes qui, pourtant, doivent tenter de la percevoir

(7) Voir Vandier, *Le Papyrus Jumilhac*, p. 73 sq. et p. 78.

par les rites et les symboles. « L'ignorance pénible qui aveugle l'athée, écrit Plutarque, est un grand malheur pour son âme, en qui s'éteint le plus brillant et le plus puissant de ses yeux, l'idée de Dieu. » (*De superst.* X, XII.)

Reconquérir la parcelle égarée, ouvrir l'Œil de Dieu en lui, tel est le but du « voyageur » égyptien qui lance cet appel :

« Œil d'Horus,
Emmène-moi,
Œil d'Horus,
Gloire et parure au front de Rê,
Le père des dieux ! » (*LdM,* ch. 8.)

« Œil d'Horus, poursuit-il, emmène-moi, que je fixe la beauté au front de Rê » (*LdM,* ch. 92). A cette supplique, une réponse est adressée : « O toi, prends pour toi l'Œil d'Horus ; en le portant, ton cœur ne pourra défaillir. »

Réponse importante, puisque le cœur est siège de la conscience. Grâce à la connaissance de l'Œil, les possibilités de compréhension de l'initié sont exaltées. Il peut nommer les dieux en découvrant les idées créatrices qu'ils incarnent.

« Va ! lui dit-on.
Tu es annoncé.
Ton pain est l'œil sacré,
Ta bière est l'œil sacré,
Ton offrande funéraire sur terre est l'œil sacré »
(*LdM,* ch. 125.)

L'homme qui avance sur le chemin de la connaissance est muni d'une amulette en forme d'Œil qui l'incite à une vigilance de tous les instants. Il se souvient de la formule rituelle : « Prends pour toi l'amulette Oudja, équipée en sa forme, c'est la protection du corps divin, afin qu'elle protège ton corps et qu'elle fasse ta sauvegarde, éternellement. » Identifié à l'Œil, l'initié subit sa passion. Lui aussi risque d'être déchiré par des forces hostiles, lui aussi doit maintenir son intégrité spirituelle.

Dès que l'Œil intérieur s'ouvre, l'homme peut affronter

les deux jugements, celui qui est rendu sur terre et celui qui le rend juste dans le ciel. La présence de l'Œil permet d'éviter la seconde mort et fait de l'initié l'interprète de la parole de Rê.

En pénétrant dans la salle des Deux Vérités, il contemplera les mystères de la demeure d'Osiris, à savoir l'assemblée de ses Frères qui ont franchi les obstacles avant lui. Seule la communauté peut former un Œil complet capable de contempler la divinité.

La lumière de l'Œil est le soleil. Le rôle de l'initié égyptien consiste à créer sa propre lumière, à voir l'Œil unique. L'Homme nouveau, régénéré par les rites, ouvre ses yeux clos, étend ses jambes.

Il prend alors conscience des neuf éléments essentiels de l'Être : le corps, image matérielle du grand corps céleste ; le *Ka,* dynamisme créateur ; le *ba,* possibilité d'incarner le divin sur cette terre ; l'Ombre, reflet de la vérité ; l'*Akh,* lumière de l'esprit ; le Cœur, siège de la conscience ; le *Sekhem,* puissance de réalisation ; le Nom, vérité ultime de toute création ; le *Sakh,* corps spiritualisé. L'homme qui accède à la maîtrise de ces neuf éléments découvre également l'harmonie divine de l'Ennéade puisque, comme l'affirme le *papyrus Carlsberg N° VII,* « L'Œil, c'est l'Ennéade ».

Sans la connaissance de l'Œil, la bonne expérimentation du *Ka,* l'un des neuf éléments constitutifs de la personnalité humaine, est impossible. Tout ce qui vit a son « génie », a son *ka* ; ce dernier est à la fois dynamisme de l'homme pensant, puissance sexuelle, substance vivante contenue dans les aliments. Le *Ka* englobe la vie et la mort ; « sers ton *ka* pendant le temps de ton existence, recommande Ptahhotep, ne gaspille pas le temps destiné aux besoins du cœur. »

On pourrait étudier en détail chacune des possibilités humaines ; à chaque fois, il faudrait reconnaître la toute-puissance de l'Œil sans lequel l'univers reste clos.

« J'ai passé la journée d'hier parmi les grands, déclare le pèlerin au chapitre 115 du *Livre des morts.*

Je me suis présenté au nombre des êtres
Qui peuvent voir l'Œil unique,
Ouvrez la facture des ténèbres,
Je suis l'un d'entre vous. »

Un tel homme parvient à contempler l'Œil unique parce qu'il « reconstitue » son unité intérieure. « J'ai ceint l'œil divin sous le sycomore divin, affirme-t-il, pendant que les justes s'y rafraîchissaient. Je suis celui dont les yeux sont verts. » La couleur verte, souvent attribuée à Osiris, est étroitement liée au thème de la rénovation permanente clairement manifestée par les cycles naturels.

La recherche de l'Œil sacré, dont nous avons tenté d'esquisser quelques significations, est la grande aventure spirituelle de l'Égypte. Lorsqu'elle est couronnée de succès, les textes nous offrent de riches commentaires symboliques où la profondeur des idées est inséparable de la beauté formelle. Quelques extraits méritent la citation :

« Que je marche sur les eaux célestes,
Que j'honore l'éclat du soleil,
Comme lumière de mon Œil...
Je suis le Grand Dieu,
Venu à l'existence de lui-même,
Je compose mes noms,
Hier m'appartient,
Je connais demain,
Je suis le Phénix,
Il n'y a pas d'impureté en moi,
Je connais le chemin,
Je vais vers l'île des justes,
Je parviens au pays dc lumière,
Je reconstitue l'Œil,
Je vois la lumière...
Je suis l'un de ces esprits
Qui habitent la Lumière,
Qu'Atoum a créés lui-même,
Qui sont venus à l'existence,

De la racine de son Œil.
Je suis un de ces serpents
Qu'a créés l'Œil du Maître unique.
Je crée le Verbe,
Je réside dans mon Œil. » (*LdM*, ch. 64, 17, 78.)

De telles paroles franchissent aisément l'obstacle du temps et de l'espace, elles sont le fruit d'une connaissance réelle des lois vitales qui, éternellement, président à l'évolution spirituelle des hommes.

CHAPITRE XI

LA MAISON DE VIE

> « Ceci est la parole qui était dans les ténèbres. Quant à tout esprit lumineux (*akh*) qui la connaît, il vivra parmi les vivants. »
>
> *CT* VII, 364 a-d.

Si la pensée symbolique s'est développée avec tant de grandeur dans la civilisation égyptienne, c'est qu'un « centre » s'est toujours préoccupé de la créer et de la faire vivre. Ce centre se nommait « Maison de Vie » (1).

Les documents qui la concernent directement ne sont pas très abondants, mais ils permettent cependant de cerner sa nature et ses activités. La Maison de Vie, qui existait probablement dès les premiers âges de l'empire pharaonique, était sise près du palais du royal ou du temple. Chaque sanctuaire important était doté d'un bâtiment appartenant à ceux qui faisaient partie de l'institution.

Un grand mur, percé de quatre portes, entoure la Maison de Vie et l'isole des profanes. Elle est définie par les quatre

(1) Références importantes : P. Derchain, *Le Papyrus Salt 825 ;* A. H. Gardiner, *The Mansion of Life and the Master of the King's Largess,* JEA, vol. XXIV, 1938, p. 83-90 ; du même auteur, *The House of Life,* JEA vol. XXIV, p. 157-179 ; P. Ghalioungui, *The House of Life, Magic and Medical Science in Ancient Egypt,* 1972.

points cardinaux et, comme le temple, représente un espace sacré. Le sol est le dieu Geb, le plafond est la déesse Nout. A l'intérieur, une cour sablée dont le centre est occupé par une tente où est placée la momie du dieu Osiris. Il ne s'agit pas, à l'évidence, d'un simple local, mais d'un édifice de caractère cosmique. Les supports du plafond sont d'ailleurs des sceptres-ouas et des « clefs de la vie », ces deux signes étant liés au symbolisme de la montagne céleste et servant peut-être à former le nom de la voie lactée dans les *Textes des Pyramides*. La Maison de vie est donc le ciel sur la terre et la statuette d'Osiris qui en occupe le centre a pour nom « La Vie ». Sans doute, lors des cérémonies royales, dressait-on une tente à pavillon comportant un trône sur une estrade à degrés.

C'est par la Maison de Vie que nous pouvons atteindre l'origine de toutes choses, puisqu'elle évoque également la colline originelle, la première émergence du monde manifesté hors de l'indifférencié. Comme le remarque Siegfried Morenz, tout sanctuaire égyptien est un symbole de cette butte primordiale ; la Maison de Vie traduit cette idée avec le maximum de vigueur puisqu'elle est le centre de vie sur la terre directement en contact avec le centre de vie dans les cieux.

Quels sont les dieux particulièrement chargés de la direction de la Maison de Vie ? On pourrait répondre que la totalité des divinités en dépend, mais certaines y sont reliées d'une manière plus étroite. La déesse Sechat, tout d'abord, qui, en compagnie de Thot, règne sur la formulation de la Langue Sacrée. Sa tête est surmontée d'une étoile à sept branches, l'étoile étant la porte de la lumière divine et le nombre sept étant attribué à l'origine mystérieuse de la vie. La déesse Mafdet, ensuite, dont les caractéristiques sont difficiles à établir. Mafdet est probablement un fauve (une panthère ?) aux instincts violents. Elle a pour mission de protéger le Roi et, si notre interprétation du mythe est exacte, elle domine le serpent. Mafdet, détentrice de la puissance créatrice, parviendrait donc à maîtriser les forces obscures de la matière et à les intégrer dans un ordre royal. Enfin, nous trouvons comme seigneur de la Maison de Vie un Horus que l'on nomme « Vieillard dans la Maison de Vie », « Maître des paroles », « Créateur dans la bibliothèque ». C'est un symbole non équivoque du « Vieux sage » connu dans la quasi-totalité des civilisations traditionnelles et qui, en se servant de la « culture » symbolique, enseigne aux novices la voie spirituelle. Cet Horus est l'initiateur par excellence, celui qui fait entrer les disciples dans la compréhension des écritures sacrées.

Qui sont les membres de la Maison de Vie ? D'abord le Roi en personne. Il y vient souvent et s'y entretient avec ses plus proches collaborateurs, qu'ils soient religieux ou administratifs. Le rituel majeur de l'institution, nous le verrons, a pour but la conservation de la vie du Roi et la pérennité de la monarchie.

Les autres membres de la Maison de Vie sont les « Suivants de Rê », les fidèles de la Lumière. Ils apprennent à la déceler dans les multiples formes du symbolisme et à la transmettre à leurs successeurs. Suivants de Rê et Suivants d'Horus forment une fraternité spirituelle qui communie dans la même vérité et entretient les forces vives de la pensée égyptienne. Personnalités rigoureusement choisies, bien entendu, personnalités qui ont franchi les barrières de l'égocentrisme et du rationalisme pour entreprendre le voyage vers l'univers des dieux.

A l'époque ramesside, on connaît un certain Ramsesnakhte qui était scribe des livres sacrés dans la Maison de Vie et chef des constructions dans le temple d'Amon à l'ouest de Thèbes. Les deux fonctions nous paraissent étroitement liées, la construction du Temple passant par la construction de l'homme que seule rend effective la connaissance des livres sacrés. L'un des prêtres les plus énigmatiques de la Maison de Vie est nommé « le Chauve » ; fidèle d'Horus, il veille sur les rites de résurrection d'Osiris. D'après un texte de Dendérah, il est assis sur une natte de roseaux et porte une peau de panthère. Autre signe distinctif : une mèche de cheveux en lapis-lazuli, matière chargée d'un grand potentiel divin.

L'élément de recherche le plus intéressant concerne l'activité de cette Maison de Vie. A quel travail se livrait-on dans ce centre de pensée ? En premier lieu, on y apprend à lire et à écrire. Ces occupations, qui nous paraissent très élémentaires, sont pour l'Égyptien de la plus haute importance. Lire, c'est déchiffrer les hiéroglyphes, c'est-à-dire les « paroles de Dieu ». N'imaginons pas, par conséquent, un banal exercice scolaire, mais envisageons plutôt un apprentissage rigoureux de la vie en esprit, une tentative d'approche de la Création dans son aspect le plus pur. Nous faisons nôtre la phrase de Philippe Derchain : « Ainsi se justifie parfaitement le dépôt des livres sacrés qui décrivent le monde sous tous ses aspects, observables et spéculatifs. »

Aussi la Maison de Vie est-elle le centre spirituel où l'on crée les textes théologiques, la théologie étant considérée comme « mère de toutes les autres connaissances », selon l'expression de François Daumas. Théologie, remarque Philippe Lavastine, ne signifie pas « discours sur Dieu » dans les anciennes civilisations traditionnelles, mais « Paroles de Dieu ». C'est bien le propos des enseignants de la Maison de Vie qui cherchent à transcrire dans les hiéroglyphes les pensées divines et à les manifester par les symboles. Chaque temple reçoit des textes mythologiques qui définissent sa nature propre et insistent sur tel ou tel aspect de la révélation.

Dans la bibliothèque sacrée des Maisons de Vie, on trouve des ouvrages divers qui ont pour point commun d'orienter le chercheur vers la Connaissance. Ouvrages de médecine, de magie, d'astronomie, de mathématiques, récits mythologiques, rituels, livres indispensables pour l'architecture, la sculpture et les autres formes artistiques. Cet ensemble, qui recouvre les activités essentielles de la civilisation, forme ce que nous appelons des « archives » et ce que les Égyptiens nommaient *baou Râ*, c'est-à-dire « les âmes ou la puissance de Rê ». Qu'il s'agisse du livre de la protection magique du Roi dans son palais, du livre des offrandes divines, du livre d'apaiser la déesse-lionne Sekhmet toujours prête à détruire les impuretés humaines, du livre de protection de la barque, les écrits sacrés sont des émanations directes du Dieu de la Lumière dont ils prolongent le rayonnement. Ils sont une véritable langue sacrée où s'exprime la puissance créatrice du Verbe par l'intermédiaire des sons, « agents créateurs du monde » selon Serge Sauneron.

La pensée symbolique égyptienne étant inséparable de l'art, on comprendra que la Maison de Vie est à l'origine de la construction des temples. C'est elle qui indique aux Maîtres d'Œuvre et aux artisans la « juste manière de faire » et leur apprend à incarner les forces divines dans leurs œuvres. Thot s'étant servi d'une Règle pour écrire les textes sacrés destinés à mettre au monde la demeure de Dieu, les Pharaons, premiers Maîtres d'Œuvre du royaume, viennent chercher ces très anciens plans dans les Maisons de Vie pour perpétuer fidèlement la Tradition.

La Maison de Vie est une communauté de « connaissants » qui façonnent la civilisation de l'intérieur en lui offrant le plan primordial de toute chose. Quand le roi Djeser consulte son vizir Imhotep pour connaître l'emplacement des sources du Nil, le grand savant de l'Ancien Empire se rend à la Maison de Vie et y consulte les anciens livres où sont consignés les renseignements indispensables au bon « fonctionnement » de la société humaine.

Pour l'Égypte, le texte écrit n'est pas un simple assemblage de mots provenant d'une pensée personnelle, donc périssable.

« Les Sages qui prédisaient l'avenir,
dit un texte,
Ce qui sortait de leur bouche se réalisait.
On découvre qu'une chose est un proverbe
Et qu'elle se trouve dans leurs écrits.
Alors même qu'ils ont disparu
Leur puissance magique atteint
Tous ceux qui lisent leurs écrits. » (Schott, *Chants d'amour*, 161.)

Un texte sacré de l'ancienne Égypte repose très précisément sur cette donnée : véhiculer une puissance « magique » de création, un flux d'énergie qui, malgré la barrière du temps, parle directement à notre esprit et à notre cœur. Sans les « paroles de Dieu », sans les hiéroglyphes, notre aventure terrestre n'est qu'une errance qui se perd dans ses propres méandres. « On doit répandre chaque parole, recommande Ptahhotep, pour qu'elle ne périsse jamais dans ce pays. » Pour l'Égypte, il n'y a point de salut hors de la transmission du Verbe ; les écrits des dieux sont les voies de l'accomplissement des hommes, les lumières sur le chemin.

Créée sur de telles fondations, la Maison de Vie engendre chez ses membres un certain état d'esprit. Petosiris, servant du dieu Thot, nous apprend que l'homme sage enseigne la route à celui qui se montre fidèle à Dieu. Il est alors informé de Ses volontés. Pendant la nuit, l'esprit de Dieu est en lui et, le matin, il le met en œuvre.

Cette mise en œuvre se traduit par une « médecine » d'un caractère très particulier, puisqu'elle consiste à protéger la vie des dieux sur la terre, à renforcer leur influence. Par la commémoration des noms divins et leur étude approfondie, les prêtres de la Maison de Vie accroissent les forces nécessaires à la vie qui, sans leur intervention constante, dessécheraient la terre et obscurciraient le ciel.

« Le rituel lui-même, écrit François Daumas, n'était pas conçu autrement que comme l'entretien et le renforcement de la vie divine dans les corps terrestres des dieux. C'est la production en notre monde des soins que les dieux reçoivent dans leur monde à eux. » (*La Civilisation,* 250-1.) L'âme humaine est véritablement saine et guérie de ses insuffisances lorsque ses transformations correspondent aux transformations éternelles des divinités ; tout le travail des initiés qui œuvrent dans la Maison de Vie vise à la libération des réalités spirituelles que chaque homme porte en lui. Le rite agit à la manière d'un « Yoga », d'un joug libérateur.

C'est à l'intérieur de la Maison de Vie que sont « organisées » les trois fonctions principales d'un lieu saint, qu'il s'agisse d'un grand temple ou d'un petit sanctuaire. La première est la célébration de l'offrande qui assure un échange de « courant » permanent entre le ciel et la terre ;

la seconde est la pratique des symboles, ces yeux de Dieu, qui sont gravés sur les murs et les colonnes de l'édifice ; la troisième est le fait de « parler le monde », de participer à son dynamisme.

Par ces trois opérations, les servants de la Maison de Vie mettent en lumière non seulement l'activité incessante des dieux mais aussi la manière dont ils créent. Comme l'avait déjà remarqué Coomaraswamy, l'art des anciennes civilisations n'est pas une imitation de la nature, mais une compréhension du mode de Création de la Nature dans sa fonction primordiale. Et Philippe Derchain peut écrire avec raison : « La Maison de Vie est un microcosme dont l'organisation symbolique va influer sur l'organisation réelle du monde. » Le prêtre de la Maison de Vie ne se contente pas de percevoir les lois divines ; il y participe et, tel l'alchimiste, accélère leur évolution, intensifie leur dynamisme.

L'étude la plus rapide montre que la Maison de Vie n'est ni une école primaire ni une université au sens moderne du terme. C'est plutôt l'école du primordial, le lieu où l'on extrait l'esprit de l'ensemble des activités humaines, le centre de culture sacrée où l'on met en forme la puissance des dieux, la fraternité où des hommes découvrent leur flamme d'immortalité.

« L'homme est argile et paille, écrit le sage Aménémopé. Dieu est le chef de chantier. Il démolit et construit tous les jours. » La Maison de Vie reconnaît cette alternance de la construction et de la destruction, étudie le message de l'architecte céleste, permet à l'homme de dépasser la dualité du jour et de la nuit. Elle enseigne la voie du Cœur, assimilé à la conscience, ce chemin qu'emprunte tout naturellement la « direction » divine.

« Faire la lumière et la clarté dans les ténèbres, recommande le *Livre de la Nuit*, ouvrir la porte du ciel dans les pays de l'Occident, fixer la torche dans le pays des damnés. » Gagner, chaque jour, un peu plus de réalité, un peu plus de vérité. Défricher le monde obscur des forces que l'homme ne contrôle pas encore, s'aventurer dans l'inconnu dont les dieux se nourrissent. Dans le chapitre 67 du *Livre des Morts*, un passage résume assez bien l'idéal de l'homme qui a participé aux rites de la Maison de Vie :

« Les profondeurs se sont ouvertes
Pour les habitants de l'Océan primordial,
La marche est devenue libre
Pour les habitants de la Lumière. »

L'effort d'une communauté initiatique tend à éviter l'immobilité, à « libérer la marche ». Le ciel subsiste par le mouvement, la terre nous offre une succession de mutations ; si l'esprit de l'homme vit en harmonie avec les réalités éternelles, il est, lui aussi, le centre de métamorphoses orientées vers l'Unité.

La Maison de Vie était seule habilitée à construire un lit près duquel l'*Oudjat*, l'Œil complet, était dessiné. On peut rapprocher ce symbole du chapitre 69 du *Livre des Morts* où l'initié déclare :

« Je suis venu pour me sauver moi-même.
Je m'installe sur le lit de repos d'Osiris,
Pour chasser le mal dont il souffre,
Je suis puissant, divin sur le lit de repos d'Osiris,
Je suis mis au monde avec lui. »

Par ce rite, l'homme s'identifie au dieu dispersé et réunifié, il écarte le mal par excellence, la dispersion de l'énergie incluse dans tous les phénomènes naturels. C'est pourquoi le but des rituels de la Maison de Vie est l' « âme réunie » d'Osiris et de Rê qui s'exprime par une seule bouche révélant à la fois le sens de la Lumière et le sens des transmutations. L'objet qui symbolise cette âme réunie est une momie dans une peau de bélier. L'homme abandonne son corps ancien pour entrer dans celui du Bélier créateur qui, à chaque seconde, façonne le monde selon l'ordonnance divine. Dans ce contexte, l'âme réunie est formée de Rê qui symbolise l'éternité masculine (*heh*) et d'Osiris qui symbolise l'éternité féminine (*djet*). Ainsi, le cycle du temps est intégré dans l'instant décisif de la résurrection.

La Maison de Vie est bien le lieu où l'Égyptien apprend à connaître les principes de la Vie. Songeons à ce rite où l'on confectionne sept figurines d'argile (un faucon, un crocodile, un ibis, un babouin, un vautour, un héron, un bouc) dans la bouche desquels on place une flamme. Elles assurent la protection du pavillon royal et manifestent le feu vital qui est à l'origine de cette « pierre divine » dont la fabrication est assurée par la Maison de Vie.

La vie humaine prend un sens lorsqu'elle atteint l'état d'*Imakh*, terme égyptien que Dawson définissait comme le « cordon nerveux dorsal inclus dans la colonne vertébrale ». Dans l'univers, l'*Imakh* est maître de l'action parce qu'il a bâti en conscience une « colonne vertébrale » de nature divine qui lui permet d'être un homme droit au plein sens du terme et de parcourir les routes sacrées dans le ciel.

Les textes créés par la Maison de Vie n'étaient pas des écrits funéraires. A chaque fois que nous parlons du « mort », du *Livre des Morts*, nous trahissons l'esprit de l'Égypte. Dans les textes, en effet, ce « mort » est nommé « l'Osiris untel », « celui qui est là-bas », « celui qui existe », « le vivant ». La littérature sacrée égyptienne n'est pas une litanie interminable sur l'angoisse de la mort, mais la présentation d'un mode de vie toujours plus conscient que l'initié traduit en d'admirables termes :

« Je suis celui qui ceint l'écharpe de la Connaissance,
L'écharpe de Noun brillante et resplendissante,
Attachée à son front,
Celle qui éclaire les ténèbres
Et qui réunit les deux uraeus.
Mes pensées sont les grandes incantations magiques
Qui sortent de ma bouche. » (*Livre des Morts*, ch. 80.)

La Maison de Vie oriente sa recherche vers la connaissance des noms et, pour voir Dieu, il faut connaître son Nom. Les dieux sont précisément « ceux qui possèdent les noms » et celui qui cherche à les percevoir doit affûter son nom comme un couteau, l'élever rituellement comme on élève le roi dans sa litière. « Le nom propre, écrit Sainte-Fare Garnot, est un accumulateur de forces internes, un réservoir d'énergies latentes. » (2)

Ce sont les dieux Hou et Sia qui ouvrent l'esprit de l'homme à la connaissance des noms. Hou est le Verbe, la puissance créatrice qui se manifeste dans chaque parole que prononce Pharaon. Sia, qui tient le livre de Dieu, est l'intelligence intuitive qui franchit les barrières du mental et de la raison pour pénétrer au cœur de la vie. (3)

Celui qui « pratique » Hou et Sia est capable de se « rendre esprit », de se « rendre juste de voix ». Il ne rencontre plus d'ennemi, de forces hostiles, car sa lumière intérieure rayonne autour de lui. Il est curieux de noter que les expressions « rayonner de lumière spirituelle » et « être efficace » sont rendus, en égyptien, par le même terme (*akh*). Seul l'acte de lumière possède une pleine efficacité, seul l'homme qui transmet son expérience spirituelle est véritablement « efficace » pour l'ensemble de la communauté humaine.

Une expression égyptienne aussi importante que « entrer » et « sortir » peut nous paraître banale à première vue. Pourtant, elle fait allusion à ce double mouvement qui consiste à entrer dans le monde des dieux pour en connaître les lois et à sortir de ce « paradis » pour formuler en termes humains ce qu'on y a perçu.

Le taoïste Tchouang-Tseu a parfaitement traduit ce symbole : « Il y a la vie, il y a la mort, écrit-il. Il y a la sortie, il y a la rentrée. La sortie et la rentrée sans formes visibles se nomment la porte du ciel. La porte du ciel est le non-être d'où surgissent tous les êtres du monde. » Des cultures aussi différentes que celles de l'Égypte et de la Chine aboutissent à de semblables conceptions, parce qu'elles sont centrées sur l'homme en mouvement, sur ce dépasse-

---

(2) Cf. X. Sainte-Fare Garnot, *Les Fonctions, les pouvoirs et la nature du nom propre dans l'ancienne Egypte d'après les textes des pyramides,* in Journal de psychologie normale et pathologique, 1948, p. 463-472.

(3) Cf. A.-H. Gardiner, *Some Personifications, P.S.B.A.,* vol. XXVIII, 1916, pp. 43-54.

ment continuel de la fixité intérieure qui est pire que la mort.

Ce mouvement dans la plénitude peut, d'une certaine façon, être assimilé à Maât. « On a pu se demander, écrit Jean Yoyotte, si Maât ne recouvrait pas à la fois les rythmes naturels et les normes sociales. « Aimer », « faire » et « dire Maât » aurait été alors dépasser une simple adhésion au droit divin et royal ; cela aurait été adhérer à l'ordre cosmique !... Vivre en juste, c'est être en harmonie, « être exact » (*mety*) (4). »

Aussi, selon les paroles de Ptahhotep, l'homme « subsiste-t-il » s'il se sert avec justesse de la justice, si son chemin de vie est juste, si la justesse est pour lui le chemin de la Vie. Ce jeu subtil de concepts est aussi le jeu essentiel de la réalité, et les symboles engendrés par les connaissants de la Maison de Vie en sont les règles.

---

(4) Jean Yoyotte, *La pensée préphilosophique en Egypte*. Histoire de la philosophie, Encyclopédie de la Pléiade, p. 11 et 19.

CHAPITRE XII

INITIATIONS ET TRANSFORMATIONS

« O Rê-Atoum, ton fils vient vers toi,
Le Roi vient vers toi ;
Elève-le,
Entoure-le à l'intérieur de ton action,
Car il est le fils de ton corps pour toujours. »

Textes des Pyramides, § 160.

Le mot « initiation » a longtemps fait peur aux égyptologues alors que, dans le cadre de l'histoire des religions, il est couramment employé. En raison d'un manque de formation dans ce domaine, la plupart des érudits confondent initiation avec occultisme. Le terme est pourtant clair : l'initié est celui qui « entre à l'intérieur », qui pénètre sur une voie, qui accède à une communauté d'êtres à la recherche de la Connaissance. Le Temple égyptien est précisément un lieu fermé aux profanes. Il ne s'ouvre qu'à des initiés chargés de préserver et d'entretenir l'énergie divine.

A la suite des travaux de Bleeker, de Guilmot et de Federn, pour ne citer que trois auteurs ayant plus particulièrement centré leur attention sur le thème de l'initiation, il apparaît que cette dernière est évoquée par de nombreux textes. Federn (*JNES* XIX, 241-257) a lié le concept d'initiation à celui de « transformation », indiqué dans la langue hiéroglyphique par le mot *kheper*. Ce terme signifie « venir à l'existence, advenir, prendre forme, évoluer, être en devenir, arriver à exister (dans l'au-delà), naître, de trouver son origine dans » ; il marque essentiellement le passage d'un état à un autre. (Meeks, *Année lexicographique* I.)

La phrase « j'ai accompli mes transformations » signifie que l'être est passé par des mutations qui, peu à peu, lui ont permis d'acquérir une puissance de caractère universel (Guilmot, RHR 175, 5-16). Ces transformations ne doivent rien au hasard. Elles sont volontaires et traduisent l'accomplissement d'une expérience initiatique. L'esprit de l'homme se « transforme » en une réalité divine afin de vivre plusieurs naissances, d'entrer dans le flux du renouvellement perpétuel de la vie. Les grands recueils de textes dits « funéraires », comme les *Textes des Pyramides,* les *Textes des Sarcophages* ou le *Livre des Morts,* ne sont pas des assemblages dogmatiques mais un ensemble de maximes et de rites qui transmettent un enseignement pratique, à savoir ce qui doit être fait sur terre pour se préparer d'une manière correcte à la rencontre avec le monde divin. Les forces cosmiques peuvent être connues et maîtrisées ici-bas et dès maintenant. « Ce qu'on nomme la mort, écrit Max Guilmot (*Le Message,* 57) est une modification de l'harmonie vitale. De fait, la mort n'existe pas. Mourir, c'est retourner au *ka* du monde ; en égyptien, mourir, c'est « passer à son ka » ; c'est vivre en se mêlant à l'énergie cosmique. »

Le chapitre XV du *Livre des Morts* situe l'enjeu des transformations : « Transfigurer le bienheureux au cœur de Rê, faire qu'il soit puissant auprès d'Atoum et magnifié auprès d'Osiris... ouvrir son visage en même temps que le grand dieu. Tout bienheureux pour qui cela est récité, il pourra sortir au jour dans toutes les transformations qu'il pourra désirer. » L'initié peut s'identifier à toute forme divine : « Un homme accomplira ses transformations en tout dieu en qui un homme désire accomplir des transformations. » (*CT IV,* 42e) ; aussi vit-il de la transformation de tout dieu (*Pyr.* 397a, *CT* VI, 178i).

Le soleil lui-même passe par des métamorphoses qui correspondent aux étapes de sa course et manifestent l'ordre du monde toujours renouvelé. Les origines de l'univers ne sont autres que les mutations incessantes du dieu primordial. « Tu fais appel à Rê, dit un texte de la tombe 158 de Dra Abou'l Nega (*BIFAO* 35, 153-160), c'est Khepri qui entend et Atoum qui te répond. Celui dont le nom est caché te parle. Le disque solaire rayonne sur ta poitrine. » Texte complémentaire dans la tombe 178 de Khôkrah : « Tu fais appel au ciel. On entend ta voix. Atoum te répond. Tu donnes de ta voix en qualité de phénix. Celui dont le nom est caché t'interpelle. »

Atoum est dans le cœur de l'homme. Or, c'est précisément ce cœur qui est le support et le principe des transformations. Tout au long des mutations de l'être sur la voix initiatique, ce cœur doit être durable et stable. Les rituels de résurrection permettent à l'être nouveau de recouvrer l'usage des parties de son corps, comparable mais non identique à celui qu'il possédait sur terre. Le cœur-conscience ayant témoigné de son authenticité par rapport à son devoir divin, chaque partie du corps ressuscité est désormais analogue à une divinité.

L'homme initié peut affirmer : « Je suis le maître des transformations » (*CT* VI, 334n), « Je suis le Maître de l'Univers, je suis Atoum, je suis Khepri, je suis l'aîné de Rê... Je suis sorti du Noun en même temps que Rê. Je suis celui qui élève le ciel avec Ptah, je suis celui qui monte jusqu'à la voûte céleste, marchant sur terre. Après avoir plongé dans le Noun, je sors à bord de la barque de Rê lorsque la Puissante (Sekhmet), m'ayant porté dans son sein, Nout me met au monde » (*Livre Second des Respirations ;* Goyon, *Rituels,* 261).

Comme Gunn, Czermak ou Cerny l'avaient pressenti, les formules « funéraires » sont également destinées aux vivants. Certes, les textes sacrés sont réservés à ceux qui sont dignes d'en prendre connaissance, mais cette révélation s'opère sur terre et pas seulement dans l'au-delà. Les exemples abondent : « Celui qui connaît les textes peut sortir au jour et aller sur terre parmi les vivants » (*Livre des Morts,* chapitre 70) ; « Celui qui connaît ce livre sur terre... peut sortir au jour sous tous les aspects qu'il désire prendre » (Chap. 72) ;

« Celui qui connaît cette formule, c'est être intact sur terre auprès de Rê » (Chap. 71) ; « Celui qui connaît cette formule, c'est sa justification sur terre et dans l'empire des morts » (Chap. 64) ; « Quiconque lit pour soi cette formule chaque jour est indemme sur terre, aucun mal ne l'atteindra. » (Chap. 18.)

« Je connais la formule (variante : le nom) des transformations » (*CT* V, 47 e) : cette déclaration marque l'accès à une science d'ordre symbolique qui lie la destinée de l'être à celle des dieux. « Si je vois, dit l'initié, Shou verra. Si j'entends, Shou entendra. Je donne des ordres aux Étoiles impérissables. Ce sera utile pour moi sur terre » (*CT* V, 107, f-i). Le terme de *Maâ-kherou,* « juste de voix », qui est la plupart du temps appliqué aux morts glorifiés dans l'au-delà, est également une épithète des vivants qui ont accédé aux mystères.

Le roi est initié à sa fonction. On parle d'une « montée vers la royauté ». Lors de l'initiation de pharaon, des prêtres portant des masques d'Horus et de Thot le purifient. Le couronnement a lieu dans un espace sacré et clos. Amon confère à son fils la puissance du maître universel, l'assure sur le trône de Rê. Les portes du ciel, c'est-à-dire du sanctuaire, sont ouvertes (*BIFAO* XIII, 23-6). Le nouveau roi s'intègre dans la tradition apportée en Égypte par les « Suivants d'Horus », cette corporation d'ancêtres qui écrivirent des livres dévoilant les secrets et les plans des temples.

Le pharaon, comme il est dit dans la chambre du sarcophage de la tombe de Ramsès VI, est le guide de tous les vivants. L'Ennéade des dieux est en lui. Le jour de son anniversaire, le monarque, représentant du roi dans sa province, doit être purifié. A travers sa personne, le rite agit sur ses administrés qui, comme lui, sont délivrés de toute impureté (Vandier, *Mo'alla,* 253). Du roi au simple « citoyen », la métamorphose de l'être est présente.

Parmi les prêtres égyptiens, certains recevaient une initiation. « Par la contemplation, écrit Porphyre (*De abst.* IV, 6-7), ils arrivent au respect, à la sécurité de l'âme, et à la piété ; par la réflexion, à la science ; et par les deux, à la pratique de mœurs ésotériques et dignes du temps jadis. Car l'être toujours en contact avec la science et l'inspiration divines exclut l'avarice, réprime les passions et stimule la vitalité de l'intelligence. » Ceux qu'on nommait les « porteurs de rituels », faisaient partie des degrés élevés de la hiérarchie sacerdotale. Ils avaient pratiqué les sciences sacrées pendant de longues années et veillaient à leur transmission. Un prêtre, selon l'expression égyptienne, est « oint d'une fonction ». Lorsqu'il se présente devant le dieu dont il est le serviteur, il est introduit dans l'horizon du ciel. Le rite précise qu'il sort de l'océan originel, se débarrasse du mal et de la souillure, se met nu, et reçoit l'autorisation d'avancer dans le temple (Sauneron, *Prêtres*, 47).

« On devait être initié au secret du service de la divinité et connaître les formes qu'une longue évolution avait données à ce service, écrit Morenz (*Religion*, 140) ; plus encore : on devait appartenir soi-même à la sphère divine si l'on voulait fréquenter Dieu ; c'est ainsi que le sacerdoce égyptien n'est théoriquement que le groupe de représentants du roi de nature divine. »

A Karnak, les initiations des prêtres étaient dirigées par celui qui savait ouvrir les battants de la porte du ciel, « Le Grand des Voyants de Rê-Atoum ». Le postulant montait vers le sanctuaire, était purifié dans un bassin avec du natron et de l'encens. A l'intérieur du temple, il découvrait le lieu du combat où avait lieu l'affrontement avec l'initiateur, le gardien du seuil. Victorieux, le postulant atteignait la demeure du *ba*, la puissance qui traverse les cieux. Les portes des mystères s'ouvraient alors devant lui. Il voyait Horus rayonnant de lumière. Il connaissait la joie dans le cœur et poussait un cri atteignant le ciel (*BIFAO* XIII et *RT* 35, 130 sq). Reprenant un texte plus ancien, le chapitre 131 du *Livre des Morts* donne une illustration de l'état d'esprit de l'initié : « Je suis un suivant de Rê, quelqu'un qui a pris possession de son firmament. Je suis venu à toi, mon père Rê. J'ai parcouru l'espace (Shou), j'ai invoqué cette Grande (le ciel), j'ai fait le tour du Verbe, j'ai franchi dans la solitude la Ténèbre qui se trouve sur le chemin de la Lumière (Rê)...

et je suis parvenu jusqu'au Primordial situé aux limites de la Contrée de lumière. Je l'ai écarté, et j'ai pris possession du Ciel. »

L'un des rites initiatiques les plus importants est celui que Moret avait nommé « le passage par la peau de résurrection ». L'initié vit une transformation essentielle en pénétrant dans une sorte de matrice de renaissance où il prend la position d'un fœtus. « Ce linceul funéraire, explique Bruyère (*Mert Seger* I, 60), est l'enveloppe qui abrite les transformations intimes, qui s'opèrent dans leur essence : le passage de la mort à la vie. »

Bernard Bruyère, qui consacra sa vie à l'étude du site de Deir el-Medineh où vécut l'une des plus importantes communautés d'artisans initiés de l'histoire égyptienne, a noté l'existence d'une hiérarchie comprenant des Maîtres, des Compagnons et des Apprentis, vivant selon une Règle particulière. Une stèle contient un récit d'initiation (*o.c.*) selon lequel le postulant a été mis en face d'un Maître, sur le parvis d'un temple, près de la nécropole. Là, il reçut une nourriture rituelle et passa la nuit en méditation avant d'être admis aux mystères.

Un curieux passage du *Papyrus Brooklyn* n° 47 218 135 évoque un lieu énigmatique, un « rivage » en forme de barrière de granit aux portes de métal. Le navigateur ne peut y accoster dans les conditions habituelles, tant les abords en sont rébarbatifs. Tout est fait pour repousser le profane mais, en revanche, « celui qui sait comment y entrer se trouve comme à l'horizon du ciel ». Il s'agit, sans nul doute, d'un symbole de la Sagesse et du lieu où on peut la découvrir, c'est-à-dire le temple où se réunissent les initiés.

L'étude des titres symboliques portés par les prêtres égyptiens révèle certaines de leurs fonctions. La statue de Berlin E.7737 (*BIFAO* LIX, 90) est celle d'un « maître de lumière » qui remplissait son office à Héliopolis. Il est question de « son Frère qui fait vivre son nom, le père divin et prophète, celui qui agit dans la région de lumière, initié aux secrets dans le grand temple, initié aux secrets dans le temple de Shou et de Tefnout, celui qui connaît les rites. « La statue Louvre E.17379 est celle d'un « Maître de Vérité qui réside au château du Phénix, initié aux secrets dans les demeures antérieures, initié aux secrets dans le ciel, la terre et le monde inférieur. »

Les femmes avaient également accès à l'initiation. On peut citer le cas d'une musicienne qui fut introduite dans le palais du Maître universel. Elle avait été élevée parmi les puissances divines. A l'intérieur du sanctuaire pur de Rê, elle s'était unie à la vie, la source de la création lui avait été révélée, les portes du sanctuaire secret s'étaient ouvertes pour elle. Elle passa les portes successives conduisant au temple, car son cœur était juste (*ASAE* 56, 87 sq.).

L'initié est « un à qui les secrets du cœur sont révélés, pur de visage et de mains quand il accomplit les rites » (*Studies Griffith,* 287). Parmi les conditions exigées pour recevoir l'initiation, on note le calme, un caractère accompli en présence des dieux, l'absence d'exaltation, la capacité au silence, le respect du secret, le discernement et la lucidité.

Il faut citer ici un texte magnifique, que nous avons déjà partiellement évoqué, et qui constitue la Règle des initiés du temple d'Edfou : « O (vous), serviteurs du dieu, grands prêtres purs, gardiens du secret, prêtres purs du dieu, vous tous qui entrez en présence des dieux, cérémoniaires qui êtes au temple, juges (?), administrateurs du domaine, intendants qui accomplissez votre service mensuel au temple d'Horus d'Edfou, grand dieu du ciel : tournez vos regards vers cette demeure en laquelle Sa Majesté vous a placés. Il navigue au ciel en regardant ici ; il est en plénitude lorsque sa loi est respectée. Ne vous présentez pas en état d'imperfection, n'entrez pas en état d'impureté. Ne dites pas de mensonge en son temple. Ne détournez rien des approvisionnements. Ne levez pas les taxes en lésant le petit en faveur du puissant. N'ajoutez pas au poids et à la mesure, mais sachez diminuer sur eux. Ne commettez pas d'inexactitude avec le boisseau. Ne lésez pas les offrandes de l'Œil de Rê. Ne révélez pas ce que vous voyez, en toutes choses secrètes du sanctuaire. N'étendez la main sur rien en son temple, n'allez pas jusqu'à voler devant le Seigneur, portant une parole sacrilège dans le cœur. On vit des provisions des dieux : mais il s'agit de ce qui sort de l'autel, après que le dieu s'en est satisfait. Vois : qu'il navigue au ciel, qu'il parcoure l'autre monde, ses yeux restent fixés sur ses biens, là où ils se trouvent.

O vous, grands serviteurs du dieu d'Edfou, puissants pères du dieu du temple, ne faites pas de mal aux serviteurs de Sa demeure. Il aime extrêmement ceux qui sont à son service. Ne vous souillez pas d'impureté, ne commettez pas de faute, ne faites pas de tort aux gens, aux champs ou à la cité : ils sont sortis de ses yeux et ils existent par lui. Son cœur est en grande tristesse, à cause du mal qu'il doit châtier. Ce qui n'a pas été rétribué sur l'instant le sera un jour. Ne trahissez pas le moment juste, en pressant la parole ; quand on parle, ne couvrez pas de votre voix la voix d'autrui, ne proférez rien sur le serment, ne soutenez pas mensonge contre vérité en invoquant le Seigneur. Vous qui avez de l'importance, ne passez point de temps sans une invocation vers Lui, alors que vous êtes déchargés de présenter les offrandes ou de faire des louanges dans son temple, à l'intérieur du domaine. Ne fréquentez pas l'endroit des femmes, n'y faites pas ce qui ne s'y fait pas. Qu'il n'y ait pas de festivité en son domaine, sauf au lieu où l'ensemble des serviteurs célèbre l'ensemble des fêtes. N'ouvrez pas de jarre à l'intérieur du domaine : c'est le Seigneur qui s'abreuve ici. Ne remplissez pas votre fonction à votre fantaisie, sinon, pourquoi regarderiez-vous les anciens écrits. Le rituel du temple est entre vos mains, c'est l'étude de vos enfants.

Ecoutez, serviteurs du dieu, pères du dieu, vous les porteurs du dieu : désirez-vous une longue vie, sans destruction de l'âme, à l'intérieur de son temple ? Désirez-vous l'exemption des offrandes, et vos fils après vous ? Désirez-vous que vos corps soient ensevelis rituellement, que viennent les dons dans la nécropole ? Soyez purs, évitez la souillure. La nourriture de Sa Majesté, c'est la pureté. Purifie-toi au matin, dans le lac de son domaine (?) ; celui qui aime son eau est en vie et en prospérité, quand il s'avance à l'intérieur de son sanctuaire, élève sa voix dans son temple. Sers Sa Majesté à tout moment : qu'il n'y ait pas de cesse à réciter le rite. Qu'on n'étende pas la main pour saisir, dans sa demeure. Celui qui sait trouve grâce, mais l'ignorant se damne. Il est mal de retarder les heures : fais la consécration au moment juste. Traite les êtres avec justesse, obéis aux grands qui sont dans sa demeure. Empêche l'action maléfique des êtres hostiles. Qui agit ainsi est récompensé sur terre, et dieu n'a point de blâme contre lui... N'oublie pas le moindre instant du rite, n'aie pas sourde oreille à faire son service, ne t'éloigne pas de sa demeure. Vois : ce sont les provisions de celui qui le sert. Vois : ce sont les aliments de celui qui multiplie ses pas autour du lieu saint, qui fait silence dans le temple, qui va et vient au milieu de ses salles, qui verse l'eau en libation, qui guérit le mal, qui est discret quand il regarde en son lieu pur. Ne révélez pas ce que vous avez vu. Que sa crainte soit en votre for intérieur, et Sa Majesté dans votre cœur... Vous parcourez le chemin de Lumière, en son temple ; vous qui veillez en sa demeure, qui conduisez ses fêtes, présentez sans cesse ses offrandes : entrez en paix, sortez en paix, allez dans la joie. La Vie est en sa main, le bonheur est dans son poing, toutes bonnes choses sont là où il se trouve ; ce sont là les mets qui restent de sa table, ce sont là les aliments de qui mange ses offrandes. Il n'est malheur ni mal pour qui vit de ses biens. Il n'est de damnation pour qui le sert, sa garde s'étend au ciel et sa sûreté à la terre. Sa protection est plus grande que celle de tous les dieux. » (Alliot, *Le Culte d'Horus*, I, 184-193.)

La stèle du Caire 20539, datant de la XIIe dynastie, apporte un complément à cette Règle. L'initié déclare : « Je suis le Maître des secrets dans la demeure des Ecritures sacrées, le maître des secrets des paroles sacrées (les hiéroglyphes). » La connaissance des hiéroglyphes, en effet, est le support de toute recherche. Il s'agit là d'une voie aussi riche que difficile. C'est elle qui permet d'aborder les nombreux textes légués par les anciens Égyptiens. C'est à travers eux, nous semble-t-il, qu'il sera possible d'accéder aux fondements mêmes de l'initiation.

CONCLUSION

L'EGYPTE CREATRICE

« Salut à toi, en présence de ton collège de
 dieux primordiaux,
Que tu as faits après t'être manifesté comme
 dieu,
O corps qui a modelé son propre corps,
Quand le ciel n'était pas,
Quand la terre n'était pas,
Quand le flot en crue ne montait pas encore.
Tu as noué la terre,
Tu as rassemblé ta chair,
Tu as établi le Nombre de tes membres,
Et tu t'es trouvé être l'unique. »

Hymne à Ptah (Papyrus n° 3048 du musée de Berlin, in *La Naissance du monde*, 65).

A notre sens, une étude, qu'elle soit historique, symbolique ou scientifique au sens étroit du mot, n'a de valeur qu'à la condition d'éclairer le présent et de procurer à l'homme des voies de connaissance vers son destin immédiat et sa réalité éternelle. A quoi servirait-il d'exhumer les vestiges de l'Égypte ancienne s'ils ne nous aidaient pas à recréer l'homme authentique et à parcourir notre chemin intérieur avec davantage de conscience ?

La physique moderne, en constatant l'échec du rationalisme et des méthodes soi-disant « objectives », s'est aperçue de la relativité de la notion de « progrès » ; certes, dans le domaine de la technique, nous avons « dépassé » les créations des Anciens. Mais, en ce qui concerne le domaine de la société, nous avons effectué une régression relative puisque les rapports humains sont aujourd'hui fondés sur la notion de compétition et non sur l'harmonie cosmique. Aussi la marche de l'humanité ne peut-elle être conçue comme une ligne droite ascendante ; il s'agirait plutôt, selon l'enseignement traditionnel, d'une évolution en spirale passant par des creux et des sommets.

L'égyptologie ou, plus exactement, la connaissance de l'Égypte, peut jouer un grand rôle dans l'élaboration de la spiritualité. Bien entendu, il ne s'agit pas de revenir à des constructions du passé mais d'utiliser leurs bases immuables pour engendrer notre propre génie et nos propres formes de pensée et d'action.

L'Égypte est la fille unique de Rê depuis l'époque des dieux. Le pays entier, en effet, adopte une attitude réceptive face à la lumière divine afin que se célèbre le mariage sacré entre les forces créatives, les Neterou, et la terre des hommes. A nous de choisir une position : ou bien regarder la civilisation égyptienne avec condescendance et la juger à partir de notre philosophie, ou bien devenir humble et tenter de percevoir le message des anciens Égyptiens.

Pour eux, l'homme commence à exister le jour où il fait partie d'une communauté, qu'elle soit paysanne, artisanale ou sacerdotale. L'univers entier étant une communauté en perpétuelle transformation, seule la communion des hommes liés entre eux par la recherche du divin peut se rapprocher de la vérité.

Pour que cette communauté soit solide, il faut pratiquer deux types de sacrifice. Le premier est le sacrifice céleste qui consiste à comprendre et à appliquer les révélations des deux yeux du Maître des dieux, le soleil et la lune. Leur mouvement est immuable, ils donnent sans cesse la vie. A la communauté des hommes d'élargir son mode de pensée aux dimensions de l'universel en recherchant les lois qui président à la naissance perpétuelle du monde. Le second est le sacrifice terrestre, la sacralisation de l'acte quotidien en apparence le plus terne et le plus banal. Aux plus hautes aspirations de l'esprit correspondent les activités les plus matérielles. Comme l'écrit A. R. Schwaller de Lubicz, « il n'existe pas pour eux d'opposition d'un état spirituel avec un état matériel-corporel, ni d'abstraction opposée au concret. Ce sont là des illusions mentales, de ce mental qui est le fils de la dualité et qui ne peut œuvrer que dans la dualité... Il n'y a pour ces Sages que des états de conscience : ce qui est pour nous transcendance est pour eux un état préhensible par un état plus élargi de la conscience. »

Dans le chapitre 175 du *Livre des Morts* est rapporté un discours d'Atoum portant sur la fin du monde. « Je détruirai tout ce que j'ai créé, dit le dieu ; ce pays reviendra à l'état de Noun, à l'état de flot, comme son premier état. Je suis ce qui restera, avec Osiris, quand je me serai transformé à nouveau en serpent, que les hommes ne peuvent pas connaître et que les dieux ne peuvent pas voir. »

La civilisation égyptienne s'est éteinte, elle est retournée dans l'Océan primordial des origines. Son expérience spirituelle et humaine, de ce fait, a pris toute sa valeur puisqu'elle s'est intégrée à l'énergie créatrice pour l'accroître et la féconder. Atoum, qui est à la fois vide et plénitude, est au cœur de cette réalité égyptienne que nous pouvons appréhender par la symbolique et par la connaissance des dieux.

PETIT LEXIQUE

SYMBOLIQUE DES DIVINITES

Nous n'avons pas l'intention de recenser ici toutes les divinités égyptiennes mais simplement d'indiquer le rôle symbolique le plus net d'un certain nombre d'entre elles. Cette liste n'est pas limitative et les interprétations proposées ne sont rien d'autre que des points de départ vers une recherche approfondie.

AKER : Dieu de la terre. Primitivement, on le représentait par un morceau de terre à tête humaine. Plus tard, il sera symbolisé par deux têtes de lions. Plus que la terre en tant qu'élément, Aker fait allusion aux courants telluriques, aux forces qui entretiennent la vie du sous-sol.

AMON : Ce nom signifie « le caché », la racine *imn* se traduisant parfois par « créer ». Amon est le principe causal non-manifesté caché à l'intérieur des formes vivantes. Sa parèdre est Amonet, « la cachée ». Il est représenté sous l'apparence d'un homme ; ses animaux sacrés sont le Bélier, dynamisme éternel qui maintient le mouvement du monde, et l'oie du Nil dont le cri caractéristique rappelle la première parole du Verbe créateur.

ANDJTY : Le sens du nom est peut-être « Celui de l'aube ». Il est le prédécesseur d'Osiris dans la cité de Busiris. C'est un homme debout, tenant la crosse du pasteur et le fouet du bouvier.

ANUBIS : Anubis a la peau noire. Son rôle majeur consiste à transfigurer le défunt ou le futur initié, en le dépouillant de ce qui est mortel en lui. Il est responsable de la « terre pure ». C'est le chacal dévoreur de cadavres qui mange ce qui se décompose afin de le faire revivre. Le *papyrus Jumilhac* nous donne une interprétation de son nom à partir des trois lettres qui le constituent (i+n+p) : *I* est le vent ; *N*, l'eau ; *P ;* le gebel. Anubis est donc un animateur de la nature.

ATOUM : Le grand dieu créateur de l'Egypte. Son nom signifie à la fois « Celui qui est total », « Celui qui est complet », « Le Tout », « Celui qui n'est pas encore », « le Néant », « le Rien », « Celui qui est et n'est pas ». Il est placé à la tête de l'Ennéade. Premier « être » qui s'éveilla au sein de l'énergie cosmique, il se créa lui-même et engendra le premier couple divin par masturbation ou par crachat.

BASTET : Déesse-chatte dont le nom signifie peut-être « Le siège du *Ba* (puissance réalisatrice) », selon une hypothèse controversée. Ce nom est primitivement écrit avec un pot d'onguent scellé qui fait allusion à une substance de régénération que détient la déesse.

GEB : Geb est le principe de l'élément-terre. Notons qu'en égyptien on dit « *le* terre ». Père d'Osiris, époux de Nout, il est l'un des premiers rois d'Egypte et offre un modèle achevé à la monarchie. Le trône par excellence est appelé « trône de Geb ».

HATHOR : Son nom signifie « la demeure céleste d'Horus ». Déesse du ciel, elle est souvent représentée avec des cornes et des oreilles de vache. Symbole de la réceptivité totale à l'univers, elle régit l'amour Divin, l'amour humain, la joie, les danses. Elle est le temple du Seigneur où le principe créateur s'incarne.

HORUS : Son nom signifie sans doute « celui qui est loin », évoquant son rôle primordial de principe causal de l'univers. Horus l'ancien possède deux yeux cosmiques, le soleil et la lune ; il s'incarne en chaque Pharaon. Les *Textes des pyramides* le définissent comme « Celui de l'Orient », « Celui de l'horizon rayonnant », « Le maître des hommes et des dieux », etc.

ISIS : Etymologiquement, Isis est « le trône ». Fille de Geb, sœur et femme d'Osiris, même d'Horus, elle part à la recherche des morceaux du corps démembré d'Osiris, les rassemble et le ressuscite. Siège de la Sagesse, trône du divin, elle est l'archétype de la Mère.

KHEPER : Le dieu-scarabée d'Egypte est le principe de toutes les transformations, de toutes les évolutions. Il est ce qui permet à l'homme de pas sombrer dans la fixité et l'immobilisme. Accomplir ses *kheperou*, c'est passer d'état en état pour atteindre le cœur de la vie, devenir sans cesse un autre en demeurant le Même.

KHNOUM : Etymologiquement, « Celui qui s'unit à ». Le dieu bélier d'Eléphantine fait surgir l'eau du Nil ; sur son tour de potier, il façonne les hommes et crée l'enfant Dieu lors du mystère de la naissance divine. Il est le principe de cohérence dans l'œuvre accomplie, il unit entre eux les constituants d'une matière.

MAAT : Fille de la Lumière primordiale, Rê, elle est le principe qui fait que les objets ne se désagrègent pas, que les hommes vivent d'une manière vraie, que les lois divines se reflètent dans les lois humaines. Maîtresse d'Œuvre de la vérité cosmique et de la justesse, elle est la règle d'or de l'univers.

MAFDET : La déesse Mafdet est représentée par un félin ; elle possède des qualités de thérapeute, guérissant à la fois l'âme et le corps. Son titre le plus significatif est « Maîtresse de la Maison de Vie ».

MIN : Dieu ityphallique, Min est Principe de fécondité. Son bras droit est levé en équerre, tenant le « fouet » royal. Il a la peau noire, symbole du feu secret vivant au cœur de la matière et de la gestation qui s'accomplit dans les ténèbres. Il est debout sur un socle qui est l'hiéroglyphe de Maât, l'Harmonie universelle. Son nom se rattache à une racine *mn* sur laquelle sont formés les mots « pierre », « monument », « être ferme, établi ».

MOUT : Parèdre d'Amon, elle est « Œil du soleil », et déesse-vautour. Etymologiquement, « la Mère », avec sans doute un « jeu de mots » en rapport avec la mort des éléments anciens de la personnalité qui se régénère.

NEFERTOUM : Le nom du dieu qui apparaît sur la fleur de lotus signifie « Celui qui accomplit la perfection d'Atoum ».

NEITH : Elle a pour symboles un carquois et deux flèches. Son caractère marquant est l'androgynat et son rôle est d'harmoniser les deux pôles de la vie en faisant naître le troisième terme. Son nom signifie probablement « Ce qui est ».

NEKHBET : Cette déesse est la force animatrice de la Haute Egypte, formant un couple avec Ouadjet. Symbolisée par le vautour, elle est détentrice de la couronne blanche.

NEPHTYS : Femme du dieu Seth et sœur d'Isis, elle joue un rôle équivoque dans la mythologie, favorisant tantôt les forces ténébreuses, tantôt les forces lumineuses. Elle aide cependant très clairement Isis à reconstituer Osiris. Son nom signifie « Maîtresse du temple », et prouve que son action, si peu étudiée, est importante.

NOUT : Elle est « *la* ciel », formant couple avec Geb, « *le* terre ». Mère des astres et des étoiles, elle les « avale » au soir pour les faire renaître au matin. Elle a la forme d'une femme immense en position courbée, ses mains et ses pieds touchant la terre de part et d'autre de Geb allongé sur le sol. Elle incarne ainsi la voûte céleste, chemin vivant que parcourent les corps astraux. C'est l'une des formulations les plus extraordinaires de la « Femme universelle ».

OSIRIS : D'après une interprétation hypothétique son nom signifierait « Siège de l'Œil ». Osiris ressuscite en Horus qui s'incarne en Pharaon. Il est le dieu qui meurt et renaît, le Roi qui commande dans les « régions inférieures », lieux où des forces potentielles attendent d'être revivifiées, chaque nuit, par la Lumière. Le mort ou l'initié deviennent « l'Osiris untel », prouvant que leur action terrestre fut conforme à l'Action céleste.

OUADJET : Puissance vitale de la végétation, la déesse Ouadjet est le principe animateur de la Basse Egypte. Elle est détentrice du papyrus et de la couronne rouge.

OUPOUAOUT : Le nom du chacal Oupouaout signifie « L'ouvreur des chemins », celui qui ouvre les processions royales en débarrassant la Voie spirituelle des entraves et des obstacles.

PTAH : Son nom signifie peut-être « le Façonneur ». Dieu de Memphis, Ptah a le crâne rasé ou, selon d'autres interprétations plus plausibles, il est dépourvu de calotte crânienne, étant réceptacle pur de l'architecture céleste. Créé par le Verbe, il est le chef des artisans auxquels il offre le sens de l'Œuvre juste.

RE : Le grand dieu solaire des Egyptiens est maître de Maât, l'Harmonie universelle. Son nom s'écrit avec une bouche ouverte et un bras ; il unit en lui l'expression du divin et son action dans le monde.

SATIS : La déesse d'Elephantine est l'épouse de Khnoum. Elle porte la couronne de Haute Egypte et son front s'orne de deux cornes de gazelle. Son nom est lié à la racine *setji*, « semer, répandre ». En quelque sorte, elle « étend », elle donne de l'expansion à l'eau céleste dont Khnoum provoque l'apparition.

SEKHMET : Déesse-lionne qui forme triade avec Ptah et Nefertoum. Elle accable les hommes par la guerre et par la maladie, lorsque ceux-ci ne vivent plus en fraternité. Mais elle est aussi patronne des médecins. Son nom signifie « Puissance ». Elle est le feu vital à l'état pur et son action, bénéfique ou maléfique, dépend de l'attitude que nous adoptons à son égard.

SERKET : Elle est représentée par une femme sur la tête de qui siège un scorpion. Son nom signifie « Celle qui fait respirer (la gorge). » Elle fait donc circuler le souffle vital en nous.

SESHAT : L'une des déesses les plus mystérieuses de l'Egypte ancienne. Son nom s'écrit avec une paire de cornes et une étoile à sept branches, symbole de la vie dans son essence et son aspect le plus caché. Sœur ou fille de Thot, l'intelligence cosmique, son rôle est d'écrire le nom des Rois sur l'arbre sacré. Patronne des constructeurs d'édifices, elle est l'archétype de la Mère des compagnons bâtisseurs. Tenant le cordeau, elle trace le plan du Temple en compagnie du Roi. C'est elle qui donne au chercheur la possibilité de comprendre la signification des archives symboliques de la Maison de Vie.

SETH : Fils de Geb et de Nout, frère d'Osiris, il est l'assassin de ce dernier. Dieu de l'orage, de la tempête et du désert, Seth symbolise l'énergie cosmique que l'homme doit contrôler pour qu'elle porte ses fruits. Lorsque son rôle capital fut incompris, il devint le dieu du mal, alors que, dans la théologie pharaonique, il était placé par la Lumière à l'avant de sa barque pour purifier les chemins du ciel.

SHOU : Fils d'Atoum, époux de Tefnout, il est le dieu de l'air lumineux. Son rôle consiste à s'introduire entre « la ciel » et « le terre » pour faire naître l'espace. Il soutient éternellement la voûte céleste, l'empêchant de s'écraser sur notre terre. Son nom peut se traduire par « le Vide ».

TEFNOUT : Fille d'Atoum, épouse de Shou, elle recouvre les idées d' « humidité » et d'élément impalpable qui circule dans l'univers. Elle est le milieu situé à la frontière de l'immatériel et du matériel qui entretient l'existence de l'espace et fait que le vide devienne une plénitude au lieu de s'abîmer dans le néant.

THOT : En égyptien, Djehouty. Il est chargé de veiller sur les lois, les textes sacrés, la langue divine dont il est l'auteur. Il est le régulateur du temps sacré où se déroulent rites et liturgies. Scribe aux doigts habiles qui est au service de l'Ennéade, il est le messager de la Lumière. Deux fois grand ou Trois fois grand selon les textes, il inspira aux Grecs la figure d'Hermès Trismégiste. Ses diverses fonctions font de lui le symbole de l'Intelligence cosmique.

L'ENNEADE ET LE NOUN : Les divinités que nous avons évoquées s'intègrent dans deux structures symboliques majeures, l'Ennéade (ou novonaire) et le Noun. Dans la symbolique des Nombres, le Neuf représente la perfection divine, l'accomplissement total de la réalité. L'Ennéade, dont le nom signifie « La Rayonnante », est formée d'Atoum, qui engendre le premier couple, Shou et Tefnout, desquels sont issus Geb et Nout qui engendrent Osiris, Isis, Seth et Nephtys. Il existe deux Ennéades, la « petite » et la « grande ». Certaines Ennéades comprenaient un nombre de divinités supérieur à neuf, mais l'Egypte garde toujours le vocable « Ennéade » car seul le Nombre importe et non les chiffres. Quant au Noun, il est le Père de tous les dieux, il est l'Océan primordial d'énergie divine où, prenant la forme de la vibration originelle, Atoum s'éveilla. Le Noun entoure la terre ; il était avant que se constitue ce qui est. Au-delà de l'espace et du temps, au-delà de ce qui est accessible à l'esprit humain, il est la réalité fondamentale. C'est lui qui fait descendre sur terre les eaux célestes sous la forme du Nil, mais on peut aussi le trouver au fond des puits. Il est à la fois au plus haut, au plus bas, autour.

LISTE DES ABREVIATIONS UTILISEES

ASAE : *Annales du Service des Antiquités de l'Egypte,* Le Caire.

BiAe : *Bibliotheca Aegyptiaca,* Bruxelles.

BIFAO : *Bulletin de l'Institut français d'Archéologie orientale,* Le Caire.

BSFE : *Bulletin de la Société française d'Egyptologie,* Paris.

CdE : *Chronique d'Egypte,* Bruxelles.

CT : *Coffin Texts* (Textes des Sarcophages).

JEA : *Journal of Egyptian Archaeology,* Londres.

JNES : *Journal of Near Eastern Studies,* Chicago.

LdM : *Livres des Morts.*

Pyr : *Textes des Pyramides.*

RdE : *Revue d'égyptologie,* Paris.

RT : *Recueil de travaux relatifs à la philologie et à l'archéologie égyptienne,* Paris.

RHR : *Revue d'Histoire des Religions,* Paris.

ZAS : *Zeitschrift für ägyptische Sprache,* Berlin.

INDICATIONS BIBLIOGRAPHIQUES

Nous n'avons pas voulu encombrer cet ouvrage de références bibliographiques, nous contentant d'indiquer nos points de repères essentiels. Ces derniers sont constitués des textes eux-mêmes et des ouvrages d'analyse ou de synthèse composés par des égyptologues de différentes écoles. En ce qui concerne les traductions des grands corpus religieux, sur lesquels nous travaillons depuis plusieurs années, citons :

SETHE K., *Die altägyptische Pyramidentexte,* 3 vol., Leipzig, 1908-1922 et *Ubersetzung und Kommentar zu den altägyptischen Pyramidentexten,* 6 vol., Glückstadt-Hamburg, 1935-1962.

FAULKNER, R.O., *The Ancient Egyptian Pyramid Texts,* Oxford, 1969. *The Ancient Egyptian Coffin Texts,* 3 vol. Warminster, 1973-1978.

BARGUET P., *Le Livre des Morts des anciens Egyptiens,* Paris, 1961. (Bibliographies complémentaires dans notre thèse inédite *Le Voyage du mort.*)

De nombreux textes religieux et magiques complètent notre information. Sur ces divers points, on verra l'état des questions dans les volumes publiés par l'Institut français d'Archéologie orientale sous le titre *Textes et Langages de l'Egypte pharaonique,* cent cinquante années de recherches, 1822-1972, et dans l'encyclopédie en cours de parution, chez Otto Harrasowitz à Wiesbaden,

Lexikon der Agyptologie. Pour les œuvres littéraires, cf. M. Lichtheim, *Ancient Egyptian Literature,* 3 vol., University of California Press, 1975-1976. Toute étude de la symbolique égyptienne commençant par celle des hiéroglyphes, on utilisera dictionnaires, lexiques et grammaires dont la liste est donnée dans *Textes et langages.* Dans ce domaine, on doit signaler la création de l'*Année Lexicographique* par D. Meeks, dont le premier volume, paru en 1980, est consacré à l'année 1977. Ce travail considérable est destiné à perfectionner, année après année, notre connaissance de la langue égyptienne et des concepts qu'elle utilise.

Parmi les ouvrages susceptibles d'intéresser ceux qui cherchent à percevoir le message symbolique des Egyptiens, citons :

ALLIOT M., *Le Culte d'Horus à Edfou au temps des Ptolémées,* 2 vol., Le Caire, 1949 et 1954.

ASSMANN J., *Agyptische Hymnen und Gebete,* Die Bibliothek der alten Welt, 1975.
Der König als Sonnenpriester, Glückstadt, 1970.

BARGUET P., *Le Temple d'Amon-Rê à Karnak. Essai d'exégèse,* Le Caire, 1962.

BONNET H., *Reallexikon der ägyptischen Religiongeschichte,* Berlin-New York, 1971.

DERCHAIN P., *Le Papyrus Salt 825. Rituel pour la conservation de la vie en Egypte,* Bruxelles, 1965.
« Le rôle du roi d'Egypte dans le maintien de l'Ordre cosmique », in *Le Pouvoir et le Sacré,* Université libre de Bruxelles, 1962.

ENGLUND G., *Akh, une notion religieuse dans l'Egypte pharaonique,* Uppsala, 1978.

FRANKFORT H., *La Royauté et les Dieux,* Paris, 1951.
Ancient Egyptian Religion, an Interpretation, New York, 1961.

FRANKFORT H., *Before Philosophy. The Intellectual Adventure of the Ancient Man.* Penguin Books, 1964.

GOYON J.-C., *Rituels funéraires de l'ancienne Egypte.* Paris, 1972.

GRIFFITHS J.G., *The Conflict of Horus and Seth. A Study in Ancient Mythology from Egyptian and Classical Sources*, Liverpool, 1960.

GUILMOT M., *Le Message spirituel de l'Egypte ancienne*, Paris, 1970. *Les Initiés et les rites initiatiques en Egypte ancienne*, Paris, 1977.

HERMÈS TRISMÉGISTE (Corpus Hermeticum), 4 vol., les Belles-Lettres.

HORNUNG E., *Der Eine und die Vielen. Agyptische Gottesvorstellungen*, Darmstadt, 1971.

JAMBLIQUE, *Les Mystères d'Egypte*, Les Belles-Lettres, 1966.

KEES H., *Der Götterglaube im alten Agypten*, Berlin, 1965.

MORENZ S., *La Religion égyptienne*, Paris, 1962.

MORET A., *Du caractère religieux de la royauté pharaonique*, Annales du musée Guimet, Paris, 1902.

PLUTARQUE, *Isis et Osiris* (trad. M. Meunier), Paris, 1924 (à compléter par l'étude de Griffiths).

ROCHEMONTEIX, *Le Temple égyptien*, Bibliothèque égyptologique, Paris, 1894.

SAUNERON S., *Les Prêtres de l'ancienne Egypte*, Paris, 1957. *Les Fêtes religieuses d'Esna aux derniers siècles du paganisme*, Esna V, Le Caire, 1962.

SCHWALLER DE LUBICZ I. *Her-bak pois chiche et Her-bak disciple*, Paris, 1955 et 1956.

SCHWALLER DE LUBICZ R.A., *Le Temple de l'Homme*, 3 vol., 1957. Sources orientales, huit volumes parus (Le Seuil).

THAUSING G., *Sein und Werden. Versuch einer Ganzheitsschau der Religion des Pharaonenreiches*, Vienne, 1971.

VANDIER J., *Le Papyrus Jumilhac*, C.N.R.S.

VARILLE A., *Inscriptions concernant l'architecte Amenhotep fils de Hapou*, Le Caire, 1968.

ZABKAR L.V., *A Study of the Ba Concept in Ancient Egyptian Texts*, Chicago, 1968.

ZANDEE J., *Death as an Enemy according to Ancient Egyptian Conceptions*, Leiden, 1960.

Cette bibliographie est très sommaire. Dans la plupart des ouvrages cités, on trouvera des références complémentaires, notamment aux articles des revues spécialisées où bien des points de la symbolique sont abordés ou approfondis. Il serait d'ailleurs nécessaire d'envisager une bibliographie, aussi exhaustive que possible, qui rendrait compte de nos connaissances dans ce domaine.

TABLE

DU MÊME AUTEUR

Romans

Le Moine et le Vénérable, Robert Laffont
Champollion l'Égyptien, éditions du Rocher et Pocket
La Reine Soleil, Julliard (prix Jeand'heurs 1989) et Pocket
Maître Hiram et le Roi Salomon, éditions du Rocher et Pocket
Pour l'amour de Philae, Grasset et Pocket
L'Affaire Toutankhamon, Grasset (prix des Maisons de la Presse 1992) et Pocket
Le Juge d'Égypte, Plon et Pocket
* *La Pyramide assassinée*
** *La Loi du désert*
*** *La Justice du vizir*
Ramsès, Robert Laffont
* *Le Fils de lumière*, Pocket
** *Le Temple des millions d'années*, Pocket
*** *La Bataille de Kadesh*, Pocket
**** *La Dame d'Abou Simbel*, Pocket
***** *Sous l'Acacia d'Occident*
Barrage sur le Nil, Robert Laffont
Le Pharaon noir, Robert Laffont
La Prodigieuse Aventure du lama Dancing (épuisé)
L'Empire du pape blanc (épuisé)

Roman pour la jeunesse

La Fiancée du Nil, Magnard (prix Saint-Affrique 1993)

Essais sur l'Égypte ancienne

L'Égypte des grands pharaons (couronné par l'Académie française), Perrin
Pouvoir et Sagesse selon l'Égypte ancienne, Éditions du Rocher
Le Monde magique de l'Égypte ancienne, Éditions du Rocher
Les Grands Monuments de l'Égypte ancienne, Perrin
L'Égypte ancienne au jour le jour, Perrin
Le Voyage dans l'autre monde selon l'Égypte ancienne, Éditions du Rocher
Néfertiti et Akhénaton, le couple solaire, Perrin
La Vallée des Rois. Histoire et découverte d'une demeure d'éternité, Perrin
L'Enseignement du sage égyptien Ptahhotep. Le plus ancien livre du monde, Éditions de la Maison de Vie
Initiation à l'égyptologie, Éditions de la Maison de Vie
Le Petit Champollion illustré, Les hiéroglyphes à la portée de tous ou Comment devenir scribe amateur tout en s'amusant, Robert Laffont
Rubrique « Archéologie égyptienne » , dans le *Grand Dictionnaire encyclopédique,* Larousse

Voyages dans l'Égypte des Pharaons (aquarelles de David Roberts), Robert Laffont
Les Égyptiennes, Perrin
Sur les pas de Ramsès, Robert Laffont
Les Pharaons racontés par Christian Jacq, Perrin
Champollion, Jean-François, Maison de vie

Autres essais

Le Message des bâtisseurs de cathédrales (épuisé)
Le Message des constructeurs de cathédrales, Éditions du Rocher
Saint-Bernard-de-Comminges (épuisé)
Saint-Just-de-Valcabrère (épuisé)
La Confrérie des sages du Nord (épuisé)
Le Livre des Deux Chemins, symbolique du Puy-en-Velay (épuisé)
Le Voyage initiatique, ou les Trente-Trois Degrés de la sagesse, Éditions du Rocher
Le Message initiatique des cathédrales, Éditions de la Maison de Vie
Contes et légendes du temps des pyramides, Nathan

Albums

Le Voyage sur le Nil, Perrin
Sur les pas de Champollion, l'Égypte des hiéroglyphes, Trinckvel
Le Voyage aux Pyramides, Perrin
Karnak et Louxor, Pygmalion
La Vallée des Rois. Images et mystères, Perrin

Cet ouvrage reproduit par procédé photomécanique
a été achevé d'imprimer sur presse Cameron
par **Bussière Camedan Imprimeries**
à Saint-Amand-Montrond (Cher), en décembre 1997

Éditions du Rocher
28, rue Comte-Félix-Gastaldi
Monaco

Dépôt légal : août 1986
N° d'Édition : CNE section commerce et industrie Monaco 19023
N° d'impression : 1/3549

Imprimé en France